Sous le Poing de Fer

Paris, 2 déc. 1918.

Albert DROULERS

Sous le Poing de Fer

QUATRE ANS DANS UN FAUBOURG DE LILLE

BLOUD & GAY, ÉDITEURS

Paris -:- Barcelone

1918

AVANT-PROPOS

AVANT-PROPOS [1]

> « Notre armée est pour ainsi dire une image réduite de l'intelligence et de la moralité du peuple allemand. »
>
> *(Lettre du Professeur LASSON, novembre 1914.)*

Ce livre n'est pas un réquisitoire, c'est un témoignage.

D'autres ont flétri déjà les crimes et les atrocités des Allemands en pays conquis ; ils ont fait œuvre « pieuse et vengeresse » de juste indignation.

Mais, si vrais et si nombreux soient les faits, certains pourraient encore n'y voir que des manifestations exceptionnelles d'une

[1] Le poing de fer représenté sur la couverture de ce livre est la reproduction d'une des affiches de l'emprunt allemand apposée sur les murs dans les régions envahies. Rien ne saurait mieux rendre à la fois le sens profond de la guerre que l'Allemagne faisait à l'univers et la dure situation des populations qu'elle dominait.

fureur guerrière mal calmée et survivant à la rage légitime des batailles. La frénésie des criminels imprime d'ailleurs à leurs actes une telle horreur que l'immensité des forfaits les rend invraisemblables, si bien que le coupable bénéficie du doute que fait naître l'excès même de sa faute.

Faut-il encore, toujours des preuves ?

En voici, et d'accablantes. D'autant plus que « c'est sur son âme qu'il faut juger un peuple », a dit René Bazin. Or, c'est l'âme allemande qui va se révéler à chacune de ces pages ; l'âme des Allemands à l'état normal, non plus dans l'exaspération tumultueuse de la lutte finissante, mais dans la vie organisée d'une longue occupation de quatre années.

Et cette âme, les faits spontanés, journaliers, naturels, par lesquels elle se manifeste et se traduit, la révèlent abominable.

Les Barbares, — je parle de ceux qui jadis envahirent notre pays, — avaient, en droit comme en fait, laissé aux habitants la paisible jouissance d'une partie de leurs biens. Ici, rien de semblable. « Nous sommes chez nous, et vous n'êtes plus chez vous », disaient les Allemands aux habitants du Nord. Et c'était vrai.

On verra quelle fut la vie de ces populations exilées dans leur propre patrie, étrangères dans leurs propres maisons, dépouillées au milieu de leurs propres ressources : c'est le règne du bon plaisir, du mauvais vouloir plutôt, de la rage calculée, méthodique d'un tyran collectif et anonyme qui pille, vole, assassine, sans responsabilité ni sanction.

« Mort, prison, amende », telle est la devise des occupants dont l'idéal ignoble se résume fidèlement dans cette expression spécifiquement boche qui n'a d'équivalent en aucune langue : « la joie de mal faire. »

D'autres auraient eu plus ou moins un point faible, un côté accessible ; ils auraient connu de temps à autre un instant d'attendrissement ou du moins d'amollissement. Ceux-ci gardent dans leurs pires excès leur tête froide et leur cœur serein : ils sont fixés une fois pour toutes dans la volonté mauvaise.

Et pour pouvoir frapper à tout propos et hors de tout propos, aucun prétexte n'est oublié : on meurt d'une plaisanterie mal comprise, d'un geste mal interprété, d'un légitime sursaut de conscience. Quant à la prison, à l'amende, à l'exil, bien rares ceux qui peuvent, par un hasard prodigieux, passer à travers les mailles serrées des innombrables pénalités édictées par la Kommandantur !

Cependant, c'est comme sans indignation, refoulant en lui ses justes sentiments de révolte que M. A. Droulers raconte les faits. Il oublie qu'il fut lui-même victime pour ne vouloir être que témoin ; et pourtant, au fur et à mesure qu'il écrivait, des noms aimés ou *familiers se dressaient sous sa plume. Ceux dont il raconte la vie — et parfois la mort, hélas ! — étaient pour lui des amis ou des fils de l'esprit ; souvent il a pris une part dangereusement active aux événements qu'il retrace.*

Compromis, — et à juste titre, nous le disons joyeusement, — dans de graves affaires d'encouragement à la désobéissance, le narrateur a connu le régime de la prison ; il a surtout pâti pendant six mois de la vie meurtrière des camps dits de représailles.

Mais pour lui, rien n'existe plus aujourd'hui dans sa mémoire que le souvenir implacablement fidèle des douleurs des autres, de ceux qu'il vit autour de lui souffrir dans leurs biens, dans leurs corps, dans leurs âmes, soumis à une incessante persécution où l'atroce logique de la méthode allemande s'avivait d'autant plus cruellement qu'elle s'émoussait sur de plus courageuses volontés.

Tel est l'auteur, quelle est son œuvre ?

Deux parties se divisent le livre.

La première nous montre la vie courante « au jour le jour » du commun des habitants qui, triomphant malgré tout des « réquisitions et des perquisitions », échappant à la morsure déprimante des vexations prodiguées « en détail » par le « Boche » dont le portrait s'esquisse ainsi de lui-même, gardent un « moral » inaltérable, ponctuant leur résistance de gaietés déconcertantes pour l'Allemand qui décidément n'y comprend rien.

La seconde partie est tout entière consacrée aux souffrances de choix d'une élite.

Insensiblement nous avons monté dans l'échelle des persécutions.

Après la halte reposante qu'est pour le lecteur le chapitre du « Moral », nous allons gravir le douloureux calvaire des héros qui subirent tout jusqu'à la mort, pour « un principe », comme ils disaient ; de ceux qui, refusant le travail forcé, accomplirent en connaissance de cause plus que leur devoir ; qui, voulant être l'exemple qui encourage les autres, subirent les plus cruelles rigueurs, moururent même sous les coups, avec des attitudes et des mots de martyrs.

Les humbles travailleurs qui, par une surabondante délicatesse de conscience patriotique, opposèrent un « non possumus » infrangible à l'Allemand voulant « par le fait du travail ou à l'occasion du travail » les forcer à engager au service de l'ennemi, en même temps que leur force de production, leur personne même qui en est inséparable, ont droit à notre particulière et plus affectueuse admiration.

C'est avec piété qu'il faut lire ces pages sanglantes où le récit brûle le cœur et les yeux.

Et dans tout ceci, nulle « littérature »,

pas un mot qui ne soit nécessaire ; pas une phrase qui ne soit utile : c'est un témoignage, disons-nous, et rien de plus ; mais aussi rien de moins.

Procès-verbal rédigé avec une impassibilité qui est déjà celle de la justice, volontairement mesuré dans ses termes, discret dans ses descriptions, ce livre, malgré cela, — à cause de cela plutôt, — fera une décisive lumière dans l'esprit de ceux qui seraient encore tentés de prêter aux Allemands leur propre vertu, et n'oseraient croire à des actes qui à eux-mêmes paraissent impossibles à seulement concevoir.

Entre le Boche et nous, il n'y a pas de commune mesure ; il ne faut pas le juger avec notre mentalité.

Voilà ce que prouve M. A. Droulers et ce qu'il n'est pas inutile de redire en ces heures où la Victoire nous ouvre enfin ses ailes d'or et où la joie nous inciterait peut-être à une dangereuse modération.

« Le cœur de la France, a dit Lamartine, est son second génie. »

Il ne faut pas qu'il soit son mauvais génie.

A. THÉRY.

Paris, 1er décembre 1918.

PREMIÈRE PARTIE

AU JOUR LE JOUR

CHAPITRE PREMIER

Réquisitions et Perquisitions

Sous le Poing de Fer

CHAPITRE PREMIER

Réquisitions et perquisitions.

Étendu dans son fauteuil de cuir, fatigué et souffrant, un homme âgé se repose. Dans sa grande et belle maison occupée par les officiers allemands il n'a plus à sa disposition qu'un appartement et son petit bureau. Il a près de 70 ans. C'est un homme énergique et volontaire, habitué au commandement, un « Capitaine d'industrie », comme on dit aujourd'hui, dont les vastes usines occupent près de 3.000 ouvriers.

Souffrant depuis plusieurs années, obligé de suivre avec exactitude un traitement dans une ville d'eau, il se sent davantage accablé par la maladie, maintenant qu'il ne peut plus franchir même les limites étroites de sa commune. Il s'inquiète de l'avenir, et pense sans cesse à ses enfants et petits-enfants qu'il ne reverra peut-être jamais, — qu'il n'a pas revus ! — Il s'attriste et il s'irrite.

Il s'irrite contre l'étranger qui a violemment séparé les familles, bâtissant entre les enfants et leurs parents, le fragile et mouvant rempart des tranchées, le plus infranchissable qui fut jamais. Il s'irrite contre l'ennemi qui, depuis plus de trois ans, fait peser sur les populations un joug qui va sans cesse s'alourdissant. Il s'irrite contre l'Allemand arrogant, brutal, haineux et cruel qui s'est ingénié à faire souffrir des habitants sans défense, s'installant partout en maître, multipliant les humiliations, volant sans scrupule, démolissant, faisant pleurer les femmes et frappant les enfants.

Mais il pense aussi à la population — avec laquelle il vit en d'étroits rapports depuis tant d'années — supportant sans faiblir le coup qui la frappe. Sans travail, menacée d'abord de la famine heureusement conjurée, mais n'ayant cependant que des rations de vivres chaque jour plus insuffisantes ; craignant de manquer du nécessaire devant les réquisitions et l'épuisement des magasins ; en butte aux tracasseries et aux méchancetés du maître de l'heure, elle ne s'est pas laissée abattre. Elle a gardé son calme et sa fierté, forçant l'admiration de l'ennemi même, conservant inaltérable en son cœur sa foi en la Patrie.

Il sait encore que, plus ardente qu'au premier jour, elle appelle de toute son âme la victoire qui chassera l'odieux envahisseur ; bien qu'elle se demande avec inquiétude de quel prix elle devra payer sa libération : l'ennemi ne s'est-il pas vanté de ses sadiques exploits, au début de 1917, lorsque, dans sa fameuse retraite de la Somme, il n'a laissé derrière lui que pillages, incendies et ruines...

Soudain, sans même que l'on ait frappé, la porte de l'appartement s'est ouverte : un Allemand est là, la casquette sur la tête. Derrière lui, quelques soldats. Il s'avance nettement ; et sans salut, sans un mot de politesse, de cette voix hautaine et cassante que connaissent si bien ceux qui ont entendu un gradé allemand parler à un civil français il dit : « Monsieur, levez-vous et prenez cette chaise. Moi, j'enlève votre fauteuil. »

Ce n'est pas un officier, c'est un caporal, de 23 à 24 ans à peine, à la figure dure, le menton proéminent, la lèvre méprisante. Il a le teint blême des viveurs. Il s'estime infiniment supérieur à tous les Français réunis et ne ménage pas les humiliations à ceux qu'il peut atteindre. Il s'appelle Stahn et se dit fils de banquier. La population l'appelle le « Réquisitionneur » et les gamins « Rikiki ».

Il est venu bien souvent dans cette maison dont il connaît tout le mobilier. Il a enlevé des tapis de Smyrne, des tables d'acajou, des bureaux et des bibliothèques. Aujourd'hui il veut un fauteuil et justement celui dans lequel cet homme qui pourrait être son grand-père s'étend lorsqu'il est plus particulièrement souffrant.

« Ce fauteuil ! Mais il y en a d'autres chez moi... Pourquoi prenez-vous précisément celui dont j'ai journellement besoin ?

— C'est celui-ci qu'il me faut et pas un autre.

— Comment ! Vous m'avez déjà pris des tapis et des meubles, vous m'avez enlevé des souvenirs de famille auxquels je tenais beaucoup ; cela ne vous suffit donc pas. »

Mais l'autre s'impatiente, il n'a pas l'habitude de souffrir de résistance, et de sa même voix cassante : « Levez-vous de suite, monsieur, je n'ai pas le temps d'attendre, les soldats sont là. »

Il faut céder ; il vient par ordre supérieur. Toute réclamation serait inutile et dangereuse. Et devant cet embusqué de 23 ans, dont un sourire narquois maintenant effleure les lèvres, ce vieillard que la mort guette déjà, doit se lever, la rage au cœur de cette humiliation nouvelle.

Certes, la population tout entière le connaît cet individu méprisable, sans éducation, qui bien à l'abri dans une Kommandantur remporte tous les jours de glorieuses victoires sur une population pacifique. Pourvoyeur de mobilier pour les officiers de la commune et des environs, il est en route toute la journée tenant à la main son carnet au cachet de la Kommandantur. Il entre dans les maisons particulières, sans sonner s'il le peut, sans expliquer le motif de sa venue. Il passe en revue le rez-de-chaussée et les étages, ouvre les armoires, prend quelques notes, et ne daigne pas répondre aux questions qu'on lui pose.

« Mais, monsieur, lui disait un jour une dame qui le voit subitement entrer dans son appartement au moment de son repas, que désirez-vous donc ? »

Sans un salut, sans un mot, il promène partout son regard, ouvre l'armoire, monte sur une chaise et examine.

Impatientée, la dame se lève et approchant : « Mais enfin, lui dit-elle, me direz-vous ce que vous désirez ? Si ce sont des Français ou des Anglais que vous cherchez, il n'y en a pas ; *ils sont aux tranchées.* »

Il la regarde, ayant compris sans doute, prend rapidement quelques notes et s'en va.

Le lendemain on venait chercher la vaisselle, la table et les chaises...

Dans une autre maison, un jour, il fait choix sur place de ce qu'il désire. « Je prends ce piano, ce tableau. » Il monte. « Je prends ce lavabo.

— Oh ! je vous en prie, monsieur, dit la jeune femme qui le suit, pas celui-là, c'est le lavabo de ma mère. Prenez plutôt dans une autre chambre.

— Non, c'est celui-ci que je veux... et vous ne devez plus insister, car je prendrais aussi le tapis qui est dessous. »

Au presbytère il enlève d'un seul coup trois bureaux, et un prêtre est de plus frappé d'une amende pour avoir exigé avec énergie et succès d'ailleurs, mais pas assez respectueusement, paraît-il, qu'il lui laissât le temps d'enlever tous les registres et papiers paroissiaux qu'ils contenaient.

Il ne fait aucune distinction, ne respecte rien, — pas même la mort.

Il entre dans une maison le lendemain de l'enterrement du père de famille, et veut enlever le lit dans lequel celui-ci est mort quelques heures auparavant, sous prétexte que « le défunt n'en aura plus besoin ».

Il va chez le pauvre comme chez le riche, s'ingéniant à découvrir de préférence ce à quoi l'on tient davantage, pour se donner le malsain plaisir de l'enlever. Il réquisitionne chez de pauvres femmes le mobilier de leur maison, fruit de leurs lentes économies, pour le mettre dans les « Kantines » des soldats. Elles supplient qu'il veuille bien leur laisser ce qu'elles ont eu tant de peine à acquérir ; il ne répond même pas. Elles pleurent ; il ricane, il est content, et le soir il déclare triomphant dans la maison où il a pris logement : « *Oh ! madame, je suis content de ma journée, j'ai fait pleurer au moins vingt-cinq petites femmes françaises.* »

Il prend partout ce qu'il désire : des tables et des chaises, du linge de table et de la vaisselle, des tapis et des rideaux, des pianos, des bibliothèques, des lavabos, des lits, des glaces, tout. Il lui faut du mobilier pour les casinos et les chambres d'officiers, les kantines des soldats, les localités environnantes, les tranchées. Il fait enlever tout l'ameublement d'une chambre retenue pour un officier dans une maison particulière et le remplace par un autre composé de meubles de provenances diverses. Il enlève pour le plaisir d'enlever, par goût, pour l'amusement de voir l'éclair de rage impuissante dans le regard des hommes, les larmes dans les yeux des femmes. Il est chez lui partout,

entre quand il veut, sort quand il lui plaît ;
il s'introduit dans votre appartement sans
frapper, sans saluer, il s'installe dans un
fauteuil, allume une cigarette, se déclare
chez lui : vous n'avez plus que la ressource
de sortir. C'est un goujat tout-puissant :
c'est le Boche.

Et il n'y a rien à dire ! Depuis que l'Allemand est arrivé, « vous n'êtes plus chez
vous, vous êtes chez lui ». Si vous vous
plaignez, vous n'aurez jamais raison et serez
davantage persécuté. Vous faire justice à
vous-même, mettre à la porte l'intrus, il
n'y faut pas songer, vous ne seriez pas huit
jours de plus dans votre maison, et les juge-
ments sont sommaires !...

Un jour que « Rikiki » était ainsi dans
une maison, réquisitionnant un certain
nombre d'objets, le propriétaire, un prêtre,
vieillard de 80 ans, décoré de la médaille
de 70, ne put retenir son indignation : il lui
dit : « Voleur ! — Voleur ? Voleur ? »
répéta l'autre outré. Il partit furieux.

Le lendemain, 500 marks d'amende,
étaient infligés au vieillard pour injure
à un sous-officier allemand dans l'exercice de
ses fonctions. L'affiche ajoutait qu'il était
dispensé de prison, vu son grand âge.

Quelle bonté vraiment !

*_**

Après le vol particulier du monsieur qui s'y entend, du spécialiste, le vol par ordre général auquel on vous ordonne de coopérer de bonne grâce. D'innombrables affiches vous apprennent un peu à la fois que presque tout ce que vous avez dans vos maisons, dans vos magasins, dans vos usines est réquisitionné et que vous avez à faire vous-même à la mairie les déclarations nécessaires.

Il est défendu, sous peine d'amende ou de prison, de posséder sans déclaration des lapins et des poules, on vient les voir chez vous, les compter. Si un décès vient à se produire, il faut aussitôt porter le cadavre à la Kommandantur qui fera établir la cause du décès. Si vous êtes coupable de meurtre ou seulement de négligence, vous serez puni.

Les poules sont taxées ; vous devez les nourrir, mais en même temps livrer leurs œufs qui vous seront payés un prix dérisoire.

Taxés aussi les chiens : 10 marks pour un chien de garde, 30 marks pour un chien de luxe. Ceux pour lesquels on ne voudra pas payer seront tués. C'est l'arrêt de mort d'une multitude de ces pauvres bêtes, qui sont, pour la plupart, transformées en pâtés à l'usage de leurs propriétaires.

Taxés encore les arbres fruitiers que les gendarmes examinent alors qu'ils sont en fleurs, dont ils estiment le rendement à vue d'œil, déclarant tranquillement au propriétaire le nombre de kilogrammes de fruits qu'il aura à fournir par arbre du jardin : et ce, sous peine d'amende...

La nature doit obéir, sinon c'est vous qui payerez.

Il faut déclarer sous peines très graves tout le vin, les liqueurs et autres spiritueux que l'on possède.

Il est strictement interdit d'avoir une bicyclette, même démontée, une paire de jumelles.

Sera fusillé celui chez qui on trouvera un appareil de photographie, un poste de télégraphie sans fil, des armes de tout genre, à feu, tranchantes ou d'estoc — et le suisse, à l'église, se demande s'il peut encore paraître avec sa hallebarde...

Sera très sévèrement puni, celui qui n'aura pas « déclaré » et « porté » tous les objets en bronze, cuivre, étain, nickel, plomb, zinc, aluminium, laiton, etc., ou amalgames de ces métaux qui se trouvent chez lui et si petits soient-ils.

Il faut encore déclarer tous les matelas... et mille autres choses que ma mémoire s'est refusée à enregistrer.

Et chacun, la tête perdue, cherche en vain autour de lui, dans sa maison, quelque chose qui ne doive être déclarée et qu'il ne faille porter aux magasins de la Kommandantur. En 1870, on volait surtout les pendules, maintenant, grâce au progrès, on vole tout...

Non pas tout cependant ; car, même à la guerre, la Kultur conserve ses droits. Aussi les affiches proclament-elles que sont exemptés de la réquisition, les objets ayant un caractère artistique. Le commandant de place passera lui-même dans les habitations de ceux qui en déposeront la demande à la Kommandantur pour déterminer le caractère artistique des œuvres qu'on lui présentera.

Le Boche expert en Louis XV et Louis XVI !

Malgré leur expérience de trois années, certains veulent tenter de sauver par ce moyen quelque chose du naufrage, de garder quelques-unes de leurs reliques de famille. Ils déposent une demande à la Kommandantur. Le commandant daigne venir un jour ou deux après.

« Monsieur le commandant, je voulais vous demander d'exempter de la réquisi-tion, cette pendule en marbre et en cuivre.

Elle est très ancienne et a une grande valeur. »

Le commandant met son lorgnon et examine la pendule sans répondre.

« Comme poids de cuivre, insiste la dame, c'est très minime, et pour vous, tout à fait insignifiant. Mais ce cuivre ancien est très finement ciselé et s'allie parfaitement au marbre sombre de la pendule. C'est une véritable œuvre d'art. »

La dame s'arrête, le commandant branle toujours la tête en silence. Enfin la sentence : « Eh bien, madame, je laisserai la pendule... mais j'en prendrai le cuivre. »

Plus loin on lui présente un bronze magnifique, signé d'un artiste bien connu. Une minute d'examen à travers le lorgnon : « Je ne trouve pas, *moi*, que ce soit une œuvre artistique »... C'est tout.

C'était plaisant vraiment de vouloir faire apprécier le caractère artistique d'une œuvre française, assurément délicate et légère, par un butor de cette race !

D'ailleurs, ils s'en soucient fort peu. C'est pour la galerie, pour les neutres, qu'ils ajoutent cette clause sur les affiches, afin de leur prouver qu'ils ne sont pas des barbares. Ce qu'ils cherchent en réalité, c'est la quantité, le poids, c'est-à-dire *des obus et des balles*.

C'est précisément ce que le Français voudrait leur dérober.

Il a toujours considéré comme un devoir d'enlever à l'ennemi, dans la mesure du possible, une partie au moins des avantages que celui-ci prétend retirer de son occupation. Ce devoir apparaît plus impérieux aujourd'hui. Non seulement il n'acceptera pas de collaborer à l'œuvre malfaisante de l'ennemi en « déclarant » et en « portant » ses cuivres et ses bronzes, mais il essaiera, malgré les menaces, de lui en dérober la plus grande partie. Il sait que l'ennemi furieux de cette résistance, entreprendra de minutieuses perquisitions ; il sait qu'il vivra désormais dans l'inquiétude et dans l'angoisse, mais il le fait avec courage pour la patrie, afin de ne pas fournir des armes contre elle.

Avec précaution, pour ne pas donner l'éveil aux officiers ou aux soldats qui logent dans la maison, chacun enlève tout ce qu'il peut enlever. Les suspensions, les garnitures de cheminée, les barres d'escalier, la batterie de cuisine même, tous les innombrables objets en métal prohibé disparaissent. Les portraits de famille et les fleurs prennent la place des bronzes et des cuivres ; des clous retiennent les tapis dans les escaliers, et des ficelles, les rideaux ; les boutons de porcelaine ou de bois remplacent aux portes les poignées de cuivre.

On creuse sa cave ou son jardin pour tout enfouir ; on mure soigneusement des abris habilement dissimulés ; on jette au loin pièce par pièce les débris de sa bicyclette. On brûle ses sacs et ses tonneaux ; on brise ses bouteilles vides ; les quelques bouteilles pleines qu'on possède encore, on les vide ou on les distribue discrètement autour de soi ; certains vont même jusqu'à essayer de dissimuler leurs matelas, de brûler la laine et le caoutchouc.

L'Allemand peut venir ; il ne retirera pas de ses perquisitions toutes les richesses qu'il pensait trouver. Mais il s'en doute et il est furieux ; gare les amendes et la prison !

Les visites domiciliaires commencent, les perquisitions minutieuses, les fouilles interminables. Alors commencent aussi pour chacun les longues journées d'angoisses où il craint à tout moment l'arrivée du gendarme. Il tressaille au moindre coup de sonnette, il se trouble en apercevant de loin un uniforme vert qui semble se diriger vers la maison, se cache derrière ses rideaux lorsque passe rapidement la silhouette du gendarme en bicyclette.

Puis un jour, alors que le sbire était passé

et repassé devant la maison sans même la regarder et qu'on pouvait presque se croire oublié, un coup de sonnette bref, sec, retentit, qui jette soudain l'inquiétude dans le cœur. C'est lui.

Et la pauvre femme dont le mari est absent, parti depuis des années, devient toute pâle, son cœur semble subitement s'arrêter, elle s'appuie au mur. Lui, aussitôt, se sent le maître. Grand et gros, la figure rouge, les moustaches relevées, le regard méchant et sournois, ce buveur de bière et d'alcool qui crie toujours et frappe souvent, se voit le plus fort dans cette maison où il n'y a qu'une femme seule. Il ne cherchera pas longtemps ce qu'il veut trouver.

« Madame, dit-il aussitôt de sa voix dure et menaçante, dans son français d'Allemand, vous avez caché quelque chose, je le sais, je veux savoir où est votre cachette.

— Mais, monsieur, je n'ai rien caché, répond la pauvre femme, on est déjà venu me chercher ce que j'avais, je n'ai plus rien.

— Je vous dis, moi, que vous avez caché quelque chose, vous allez me le montrer de suite... Allons, marchez. »

Brutalement il la prend par le bras et la pousse dans l'intérieur de la maison, tremblante, se demandant ce qu'elle va devenir

seule avec cette brute déchaînée. Elle tombe
sur une chaise. Rageur, il s'approche, la
secoue : « Allons vite, je n'ai pas le temps. »
Elle essaie encore de nier. Mais de son poing
levé maintenant il la menace. Elle le regarde ;
elle voit les yeux méchants, les dents qui
grincent, le poing prêt à frapper ; elle se met
à pleurer : « Ne me frappez pas, je vais vous
montrer. »

Un éclair de triomphe illumine aussitôt le
regard du Boche, un sourire passe sur ses
lèvres ; il a remporté une grande victoire.
Tout à l'heure, avec ses camarades, entre
deux verres de bière, il racontera l'histoire,
ils riront très fort.

« Conduisez-moi de suite. »

Et la pauvre femme descend les marches
de la cave.

« C'est là, dit-elle.

— Bien, creusez la terre. »

Elle travaille et elle pleure. Et voici revenus au jour les souvenirs de famille, les cuivres et les bronzes, tout ce qu'elle avait caché pour que l'ennemi ne puisse s'en servir.

Lui, s'en retourne victorieux, laissant
brisée, anéantie cette pauvre femme qui,
dans quelques jours, apprendra qu'elle a des
centaines de marks d'amende à payer pour
avoir caché des objets soumis à la réquisition

Mais il n'en va pas ainsi partout. Le plus souvent les cris et les menaces des gendarmes ennemis ne produisent aucun effet. Alors commence la perquisition.

Ils vont de la cave au grenier, méthodiquement, — oh ! cette méthode ! — pièce par pièce, visitent les armoires et les tiroirs, sondent les murs, les parquets et les pavements, mécontents de ne pas trouver, faisant un crime pour rien ; un bouton de porte en cuivre, une cuiller en aluminium. Puis ils vont au jardin, sondent partout le terrain avec une longue pointe effilée. Ils s'arrêtent aux endroits fraîchement remués, cherchent la trace récente d'un coup de bêche, d'un coin piétiné, d'une petite élévation de terrain. Et inlassablement, la pointe s'enfonce profondément à droite, à gauche, partout. Parfois ils rencontrent une résistance, un corps dur ; des sondages répétés semblent leur indiquer un objet d'une certaine dimension. Ils croient avoir trouvé. Aussitôt ils font creuser la terre par l'habitant, ils cherchent... ce ne sont que des briques. Mécontents et dépités ils vont partir, c'est enfin fini, il y a des heures que dure la séance.

Soudain ils se ravisent : « Apportez un bâton, un grand bâton. » Inquiet on va chercher ce qu'ils demandent. « Enlevez cette plaque. » C'est, au bord du jardin, la fosse d'aisance. Penchés sur le trou, ils sondent, ils tournent, ils cherchent s'il n'y a pas dans le fond, dans quelque coin, un objet prohibé, sournoisement caché. Et si le bâton semble leur révéler son existence, ils font chercher une pompe, vider la fosse, prennent triomphalement l'objet convoité et dressent un rapport dont la conclusion sera l'inévitable amende à payer ou la prison.

Parfois aussi la perquisition dure des heures sans aucun résultat. Ils partent sans avoir rien trouvé ; et le cœur est enfin délivré du poids qui l'oppressait. On rit maintenant dans la maison ; on se rappelle les détails. Vingt fois ils ont passé et repassé devant la cachette, cherchant, sondant tout à côté, vingt fois on a tremblé, inquiets ; eux n'ont rien vu. Pas malins, les Boches !

Mais le lendemain, déjà, l'angoisse revient dans les cœurs. Ils vont recommencer, c'est certain. N'ont-ils pas dit l'autre jour chez le voisin, qu'ils pourraient rester dix ans dans le pays, qu'ils découvriraient encore beaucoup de choses cachées... Oh ! dans dix ans !...

Malheureusement ils n'attendront pas si longtemps pour reprendre leurs recherches... Ils vont venir demain, dans huit jours, dans un mois peut-être ; alors certainement ils trouveront, ils sont passés si près hier, ils ont presque touché de leurs mains la fameuse cachette. C'est un miracle qu'ils n'aient pas trouvé... Il faut en faire une autre, plus profonde encore ; ce sera plus sûr.

Et lorsque la nuit est tout à fait tombée, qu'il fait bien noir, on descend à pas de loup, on travaille à tâtons, on creuse, on fouille la terre. Toute la famille est là, excepté les plus petits ; ils ne doivent pas savoir. En silence, afin de ne pas donner l'éveil, même au voisin, — les langues sont si longues — tous ces fantômes transportent les objets de la première cachette dans la nouvelle, celle que les Boches ne trouveront pas... On s'arrête une minute, le temps de laisser passer un soldat dont le pas lourd résonne sur le trottoir... Pourvu qu'ils, — *ils* ce sont toujours les Allemands — ne viennent pas cette nuit demander du logement. Peu à peu, le travail s'achève... pendant qu'à quelques kilomètres, comme toutes les nuits, le canon gronde à intervalles irréguliers, la mitrailleuse crépite de quelques coups secs et s'arrête brusquement, le ciel s'illumine de lueurs bientôt éteintes et aussitôt rallumées.

Les réquisitions dans les maisons particulières ont été naturellement précédées et sont journellement complétées par les réquisitions dans les magasins et les usines.

Dès les premiers jours de leur arrivée, les Allemands ont placardé des affiches ordonnant « aux industriels et commerçants en gros de faire la déclaration des matières brutes, des produits fabriqués et en fabrication qu'ils avaient en stock ».

Quand les commerçants en gros eurent été réquisitionnés et leurs marchandises enlevées, les Allemands songèrent à la réquisition des magasins de détail. Tout cela se faisait dans un ordre parfait et avec le meilleur rendement. Cartouche eût certainement été jaloux d'une telle organisation.

Ils réclamèrent d'abord les métaux — naturellement — prirent les bronzes, les cuivres chez les marchands d'ornements d'églises et autres et jusqu'aux barres de cuivre ou de nickel qui soutenaient les rayons d'étalage de certains magasins.

Ils réquisitionnèrent les cuirs, vidèrent les tanneries, prirent les selles et les harnais et même les modestes réserves des cordonniers.

Ils s'attaquèrent aussi et dès le début à toutes les provisions concernant l'alimentation que les commerçants pouvaient avoir faites avant la guerre.

Ils prirent en somme tous les objets qui étaient réquisitionnés et donc interdits chez les particuliers.

Ils consignèrent tout ce qui pouvait servir à l'habillement : fil, coton, laine, soie et objets fabriqués en ces matières : étoffes pour les vêtements, toiles, cotonnades, etc... La police allemande avait fait partout les constatations nécessaires afin qu'on ne puisse soustraire, ne fût-ce qu'un mètre, des matières consignées.

Comme l'alimentation, l'habillement devenait pour la population un problème redoutable. Certains indices faisaient craindre une situation plus difficile encore. De différents côtés ils avaient pris déjà du linge de table, des draps, les vêtements et les bottines de ceux qui étaient partis. On avait nettement l'impression qu'ils allaient introduire à bref délai le système de la limitation forcée du trousseau ; chacun n'étant autorisé à avoir chez lui qu'un nombre restreint de vêtements, chaussures, chemises, cols, manchettes, mouchoirs, etc...

Dans les églises, que les Allemands font pourtant — dans leurs affiches — profession de respecter, ils ont enlevé les gros tuyaux d'orgue et les cloches, qui si longtemps sonnèrent leurs triomphes.

Ce pillage méthodique et continu, qui se fait par ordre supérieur, a atteint son maximum dans les usines. Là, c'est pour eux une véritable jouissance. Ils pillent à leur aise, enlèvent, démontent, brisent à grands coups de marteau, s'amusant à ce jeu, voulant déjà prendre leur revanche du désastre économique qui les menace.

Ils ont trouvé en arrivant dans le pays d'immenses stocks de marchandises, brutes ou travaillées, et ils se sont jetés sur tout cela avec la rapacité de l'avare qui découvre un trésor.

Ils ont tenté au début de faire travailler les usines à leur profit, ils n'ont pas réussi. Les patrons ont refusé de prendre la direction. Les ouvriers et les contremaîtres ne se sont pas présentés.

Sans trop insister, ils ont pris les marchandises et les ont fait travailler en Allemagne. Puis, peu à peu, ils ont tout enlevé : le bois et le charbon, les câbles, les courroies, le zinc des toitures, le plomb des tuyauteries scellées dans le mur, les cuves des brasseries... etc. Dans les filatures et les tissages, ils brisaient les métiers pour en avoir la fonte et l'acier, et en jetaient les morceaux par les fenêtres. Cependant, quand ils se trouvaient en présence de métiers d'un modèle récent, souvent de fabrication anglaise, ils les démontaient avec précaution, étiquetaient chaque pièce, les emballaient soigneusement et les envoyaient en Allemagne.

Combien d'usines furent ainsi mises à sac ? On le saura bientôt. Mais si ce ne fut pas le sort de toutes, il n'en est pas une, assurément qui fut épargnée, pas une qui n'exige de longs mois de réparations pour qu'il soit possible de reprendre le travail.

Naturellement, leur service de recherches et de fouilles, qui fonctionne, il faut le reconnaître, avec un art incomparable, opérait dans les usines comme dans les maisons particulières. Et les amendes pleuvaient : 30.000, 50.000, 100.000 marks d'amende ou 3, 4 et 5 ans de forteresse étaient infligés à des industriels pour avoir vendu des marchandises déjà consignées, pour avoir cherché à dissimuler des courroies, du caoutchouc et autres objets soumis à la réquisition, etc... etc...

La liste ne finirait pas s'il fallait tout citer ; car on ne peut se faire une idée du chiffre d'amendes imposées chaque jour dans une grande ville en pays occupé. Nous y reviendrons plus loin.

CHAPITRE II

En détail

CHAPITRE II

En détail.

Sur beaucoup de portes des maisons d'ouvriers, là où il n'y a pas trop d'enfants, des chiffres à la craie indiquent le nombre des soldats qui y sont logés, leur compagnie, le numéro de leur régiment. Ils sont répartis généralement deux, parfois quatre par maison.

Agés pour la plupart, pères de nombreuses familles, ils reçoivent des leurs des lettres qui les laissent longuement pensifs près du feu. Ils en ont assez de la guerre ; ils devaient rester bien en arrière des lignes. Aujourd'hui, les voici presque sur le front. Demain, à la moindre alerte, ils y seront envoyés ; et ils n'auront rien à dire.

Je les rencontrais vers le soir, au moment où, sortant d'une de ces maisons, je me disposais à rentrer chez moi. Ils revenaient de leur cuisine, une gamelle fumante à la main. Le calot rond sur l'oreille, sans ceinturons, affublés d'uniformes vieux et sales, marchant d'un même pas lourd et nonchalant, ils ne semblaient vraiment pas brûler d'un saint enthousiasme pour la guerre. Dans leur gamelle, au milieu d'une soupe d'un gris sale, — une soupe à l'orge ou à l'avoine, — nageait un vague morceau de viande. Sous le bras, un morceau de pain compact et noir ; dans la main restée libre, un peu de fromage : voilà leur dîner.

S'il est vrai que les Allemands étaient avant la guerre de gros mangeurs, faisant six à sept repas par jour, il est certain que ceux-ci n'auront aucune peine à digérer leur maigre pitance...

Deux officiers passèrent à ce moment, qui se rendaient sans doute à leur casino. Jeunes encore, bien sanglés dans leurs uniformes gris perle au grand col rouge, balafrés selon l'usage, ils portaient l'un, la moustache à moitié rasée et coupée court, l'autre au contraire, vigoureusement redressée vers le ciel, à la Guillaume. Ils parlaient haut et riaient fort ; leurs éperons sonnaient sur le trottoir, pendant que de la main ils frappaient en cadence avec leur cravache sur leurs guêtres fauves. Les soldats s'écartèrent pour les laisser passer, se redressèrent en faisant le salut militaire, ou, s'ils avaient les deux mains chargées, tournèrent vigoureusement la tête de côté en les regardant fixement. Ceux qui étaient aux portes des maisons rectifièrent brusquement la position en faisant claquer les talons. Quelle discipline de fer raidit ainsi ces automates timorés !

Saluez, soldats ; civils, écartez-vous : ce sont « les seigneurs de la terre » qui passent. Ce soir, après le couvre-feu, leurs pas seront sans doute moins assurés, et ils éprouveront quelque difficulté à retrouver leur logement. Que les soldats se rassurent et se consolent, leurs officiers, du moins, ne manquent de rien ! Les soldats le savent bien. Qu'en pensent-ils ? Ils ne le disent pas souvent. Et quand ils le disent, c'est seulement lorsqu'ils sont seuls avec l'habitant, parce qu'ils se méfient les uns des autres.

* * *

Une après-midi, je résolus ainsi que je le faisais souvent, d'aller visiter quelques familles d'ouvriers causant avec eux, sympathisant à leurs souffrances, acquérant une plus exacte connaissance des petits détails de l'occupation.

La conversation roula partout à peu près sur les mêmes sujets. Les hommes parlèrent de la guerre, les jeunes gens et les jeunes filles des manœuvres employées par les Allemands pour les forcer au travail, les épouses et les mères de leurs angoisses au sujet de ceux qui étaient partis à la guerre depuis si longtemps et dont elles n'avaient pas de nouvelles. L'une d'elles, plus heureuse, me fit lire une carte qu'elle venait de recevoir. Son mari lui annonçait qu'il avait été fait prisonnier. Pendant ma lecture, ses petits enfants revinrent de l'école et demandèrent aussitôt avec instance un peu de pain. Car depuis longtemps, il n'était plus question de la « tartine » traditionnelle, pain beurré cher aux enfants du peuple, qu'ils réclamaient en rentrant de l'école et dévoraient à belles dents en jouant dans la rue, aux beaux temps lointains de la paix !

Leur mère les envoya jouer et se tournant vers moi me dit, les larmes dans les yeux : « Voilà ce qui m'est plus pénible que toutes les privations : entendre mes petits enfants qui toute la journée me demandent du pain et ne pouvoir leur en donner. »

Les réquisitions rendaient les conditions de vie de plus en plus difficiles. On ne doutait pas, certes, de la victoire, du succès ;

mais les désillusions avaient été si nombreuses que depuis longtemps on n'osait plus, comme au début, en prophétiser la date. Aussi le doux soleil du printemps s'était-il à peine montré que déjà on pensait avec effroi aux lourds nuages, à la neige, au froid du prochain hiver. L'hiver était toujours la saison particulièrement redoutée dans ces pays ruinés où l'alimentation, l'habillement, le chauffage et l'éclairage étaient autant de problèmes dont la solution devenait chaque jour plus aléatoire.

Je n'ai pas l'intention de donner le tableau avec chiffres à l'appui de tout le détail de l'alimentation et de décrire la pauvre variété des vivres que chacun pouvait, à force d'ingéniosité, se procurer.

Le comité de ravitaillement hispano-américain, puis hollando-espagnol, pour la Belgique et le nord de la France, publiera sans doute sur ce point particulier d'intéressantes statistiques. Je me bornerai à essayer de donner par un ensemble de détails choisis une impression générale aussi exacte que possible de la situation alimentaire.

Vivre était naturellement le premier des problèmes.

La situation s'était sérieusement aggravée : les réquisitions étaient devenues à la

fois plus strictes et plus étendues, la déclaration de guerre de l'Amérique semblait
avoir apporté une certaine perturbation
dans le fonctionnement général du comité.

On se rappelait volontiers, — sans assez
se souvenir des restrictions successives qui
s'étaient imposées peu à peu, — que dans les
années précédentes on avait pu, sans trop de
difficultés, se tirer d'affaire.

Il y avait alors dans les magasins certaines
réserves échappées aux réquisitions. Le
comité américain, de son côté, était bien
fourni : il distribuait à prix modérés du riz
et du saindoux, du lard et du bœuf salé,
de la céréaline et du café. On touchait du
sucre, et même au début de la confiture. Le
pain n'était ni agréable ni abondant ; mais
des distributions régulières de biscuits spé-
ciaux, faites aux ménagères et même dans
les écoles, permettaient de tromper l'appétit
des enfants. Les légumes en quantité presque
suffisante se trouvaient à des prix aborda-
bles. De temps en temps on pouvait se procurer un peu de bœuf ou de mouton venu en
fraude de la Belgique ; parfois aussi on tuait
une poule ou un lapin.

Ainsi, chose curieuse, ces années qui
avaient paru à tous si pénibles par les restrictions inusitées qu'elles avaient apportées aux

conditions de la vie normale, semblaient maintenant des années de vie facile. Et cependant on ne mangeait déjà plus que rarement de la viande fraîche, les pommes de terre étaient un luxe, le vin réquisitionné avait disparu, la bière n'avait plus de cette boisson que le nom et la couleur, le pain était détestable et insuffisant. Chacun alors s'apitoyait sur son sort et se demandait s'il pourrait longtemps supporter un tel régime, répétant à l'envi des pronostics sinistres de mortalité considérable prêtés aux médecins ; et aujourd'hui il enviait l'abondance très modérée de ces années. Tant il est vrai que tout est relatif dans la vie.

En cette quatrième année de guerre, la situation n'était donc pas brillante.

Le comité distribuait maintenant avec parcimonie riz et saindoux. Rares étaient les semaines où il accordait une petite ration de lard ou de bœuf salé. Plus de café : la torréaline en tenait lieu. Le sucre était toujours annoncé mais n'arrivait jamais. Les pâtes étaient inconnues. La confiture réapparaissait en petite quantité, mais était inquiétante par son goût et sa couleur. Les poules et les lapins étaient réquisitionnés ; les œufs frais introuvables. On ne connaissait plus le goût de la moutarde, du poivre, de l'huile et du vinaigre. Les brasseries étaient fermées, cuves et tonneaux enlevés.

Parfois, la participation plus active de la Hollande au ravitaillement général, apportait un extra dans ce maigre ordinaire. Elle envoyait quelques produits du pays : des légumes secs et quelquefois des œufs conservés : de loin en loin le comité distribuait un peu de fromage, et trois ou quatre fois, des poules ou des canards.

Mais l'ensemble des portions était si exigu qu'il fallait vraiment aux mères de famille un don spécial, une particulière ingéniosité pour arriver à calmer la faim de ceux qu'elles avaient charge de nourrir. Elles étaient heureusement aidées par cette aptitude nouvelle à tromper les Allemands qui s'est subitement révélée même chez les natures les plus timides. C'est ainsi qu'on pouvait parfois, à condition d'y mettre le prix, — 35 à 40 fr. le kg., — se donner le plaisir de manger un morceau de viande importée de Belgique malgré les sentinelles et les fils barbelés, déguster un œuf frais ou découper un lapin. C'était fruit défendu, contrebande de guerre, et c'était-là une saveur de plus...

Malheureusement ce n'était aussi qu'exceptions, joyeux intermèdes aux privations quotidiennes réservés à quelques privilégiés. Dans son ensemble la situation était inquiétante et préoccupait à juste titre les directeurs de ravitaillement et les municipalités. Ceux-ci se tournaient vers les commandants de place, leur exposaient la situation, essayant de leur faire comprendre que sa gravité venait à la fois de l'étendue des réquisitions et de la mainmise sur tous les terrains cultivables de la région. Ils demandaient donc l'autorisation de pouvoir profiter d'une partie des récoltes faites sur le territoire de la commune.

Les demandes étaient accueillies de façon fort diverses par les différentes Kommandanturs.

Chez nous, le commandant était aussi très varié dans ses réponses. Parfois il déclarait que cela ne le regardait pas, et que d'ailleurs en Allemagne, par la faute des Anglais, la situation n'était pas meilleure pour les femmes et les enfants. Parfois aussi, surtout si on parvenait à le joindre après un bon dîner, il donnait l'autorisation d'aller chercher pour la commune une certaine quantité de gros choux raves, appelés *rutabagas*, qu'on donnait autrefois comme nourriture aux bestiaux.

Un jour même, ayant reçu trop de pommes de terre pour les troupes de la commune, il consentit à en céder un peu... qu'on se rassure... presque toutes étaient gelées.

Dans les grandes villes la situation s'aggravait par suite du manque de légumes. Dans les localités qui, appelées avant la guerre à un plus grand développement, possédaient certaines étendues de terre laissées en friche et destinées à la construction, une des grandes ressources était l'utilisation et la transformation de ces terrains vagues en petits jardins potagers pour la population. Ces jardins s'étaient multipliés à tel point qu'il y avait peu de familles qui n'avaient pas le leur ; elles y trouvaient à la fois une utile occupation et des ressources appréciables. De même les pelouses et les massifs des jardins d'agrément s'étaient eux aussi transformés en champ de pommes de terre, en plants de haricots. C'était — comme en Allemagne — l'utilisation intensive des moindres parcelles de terrain. Les Allemands ne réquisitionnaient pas les légumes de ces petits potagers ; le seul inconvénient était le prix élevé des semences.

L'habitant de la grande ville n'avait pas cette ressource : les terrains en friche y sont rares, les jardins d'agrément généralement petits et improductifs. Pour sortir de la ville il fallait des laissez-passer que l'autorité militaire ne délivrait que difficilement. De plus, les grands maraîchers des communes environnantes étaient consignés, chaque commandant de place désirant se réserver les produits de leurs terres. Aussi les légumes étaient-ils excessivement rares. On payait couramment 800 francs les 100 kilos de pommes de terre ; on achetait un bon prix pour faire la soupe les tiges vertes des carottes autrefois réservées spécialement aux lapins. Et dans les jours de plus grande détresse on était bien heureux de trouver un morceau de cheval ou de baudet ; *on appréciait particulièrement la gibelotte de chat et le pâté de chien.*

A force d'ingéniosité on arrivait à se soutenir ; on était cependant loin de l'abondance et ce carême perpétuel faisait bien des victimes.

C'en était une, cette jeune fille de 19 ans que je revois sur son lit de douleur. Elle n'avait plus de goût pour la nourriture déjà si rare, plus de force pour le travail, elle maigrissait et pâlissait. On fit venir le médecin. Il ordonna le lit : « Votre jeune fille, dit-il, madame, a surtout besoin d'être remontée. Il lui faudrait... de fortes nourritures et l'air de la mer. » — Amère ironie !

Lentement les forces diminuaient. Chacun cependant s'efforçait d'aider les malheureux parents, d'arrêter cet affaiblissement continu. Une parente de la ville réussissait parfois à envoyer un petit morceau de viande ; une voisine avait même découvert quelques œufs frais ; au ravitaillement on avait obtenu quelques boîtes de lait et un peu de chocolat tout récemment arrivé. La religieuse qui tous les jours venait la soigner avec un inlassable dévouement, avait décidé la mère et la jeune fille qui manifestaient de la répugnance à faire venir un major allemand, qui seul pouvait permettre d'avoir du lait frais. Il était venu après plusieurs jours et avait accordé un demi-litre quotidiennement. Chez le pharmacien on avait demandé un fortifiant quelconque ; il n'avait rien pu donner. Il ne possédait plus aucune spécialité. Il n'avait même plus ni teinture d'iode, ni eau oxygénée, ni ouate, ni gaze, ni bandes, ni beaucoup de choses encore. Pour obtenir un sirop, il aurait fallu fournir le sucre nécessaire et on ne l'avait pas.

La situation pour les malades était grave : les œufs réquisitionnés, les vaches entre les mains des Allemands, la viande presque introuvable, les médicaments insuffisants,

Aussi est-il aisé de comprendre qu'un tel régime fut particulièrement fatal aux vieillards et aux tempéraments délicats. La mortalité fut grande en pays envahis !

Quelque temps avant la mort de cette jeune fille, dans une autre maison située un peu plus loin, un enfant fut atteint d'une crise d'appendicite. Le docteur prescrivit des compresses de glace. Où en trouver ? A Lille peut-être. La mère court à la Kommandantur, demande un laissez-passer. Il lui est refusé. Elle insiste, supplie, explique le motif, on la met dehors. Elle revient en larmes.

Une religieuse prévenue, était déjà là près de son enfant. « Ne vous inquiétez pas, dit-elle, une de nos sœurs a un laissez-passer pour conduire à l'hôpital une malade qui doit être opérée ; elle vous rapportera de la glace. » Il y en eut pour deux jours. Le surlendemain il fallut presque supplier un soldat qui allait en ville afin qu'il voulût bien rendre le même service. Il accepta, on eut encore de la glace et l'enfant fut sauvé.

Mais cet affaiblissement des tempéraments, la privation des choses les plus nécessaires à la vie, le manque presque complet des médicaments, préparaient aux épidémies des victimes sans défense. Il laissait pleines d'inquiétude les mères de famille qui voyaient les joues pâles de leurs jeunes filles se creuser tous les jours, et se demandaient quelles seraient dans l'avenir les conséquences de cette anémie prolongée.

La mort cueillait avec aisance ces tiges trop frêles qui se penchaient d'elles-mêmes vers la tombe ; elle frappait des coups rudes, souvent répétés.

Et cependant, sans se laisser abattre, la population résistait de toute son énergie. Elle avait foi en la victoire, et voulait connaître le jour de la délivrance ; elle voulait savoir ce qu'étaient devenus les êtres chers dont elle était séparée depuis quatre années et qui ne pouvaient donner de leurs nouvelles ; elle voulait vivre enfin ; elle le voulait de toutes ses forces, et bien des fois la mort recula devant cette âpre et farouche volonté.

Je rentrais chez moi. Dehors, une petite pluie fine donnait à toutes choses un aspect de mélancolie et de tristesse. Il faisait froid déjà, et mon bureau me sembla glacé. Nous n'étions qu'au mois d'octobre ; que serait-ce en décembre et en janvier ?

Je n'avais plus à compter sur le chauffage central : le charbon manquait. Un seul foyer allumé pour la maison était tout le luxe que je pouvais me permettre. Encore fallait-il prévoir que la maigre ration de charbon et de coke qui nous était distribuée ne permettrait pas d'entretenir le feu plus que quelques heures par jour. Nous touchions 50 kilogrammes de mauvais charbon, ou un hectolitre de coke par mois. La consommation du gaz était si limitée, 20 mètres cubes par ménage et par mois, qu'elle ne permettait qu'un éclairage insuffisant. Il ne fallait donc pas songer à suppléer ainsi au manque de charbon pour se chauffer et faire cuire les rares aliments.

Les Allemands y veillaient avec soin et punissaient avec rigueur par la suppression complète pendant trois semaines ou un mois, ceux dont la consommation avait dépassé le chiffre fixé.

Heureux cependant ceux qui possédaient le gaz !

La plupart des maisons ouvrières, avant la guerre, étaient éclairées au pétrole. Il y avait beau temps que le pétrole n'était plus qu'un souvenir en pays occupé ! L'huile, le carbure ou les bougies faisaient également défaut. Quand, par hasard, un marchand

réussissait à se procurer à la grande ville
de mauvaises petites bougies importées de
Belgique, il les vendait trois francs pièce.
C'était un prix trop élevé pour les modestes
allocations que touchaient à la mairie les
familles ouvrières. Et pourtant, il fallait
bien s'éclairer !

Les hivers précédents, on avait résolu le
problème en plantant une mèche au milieu
d'un verre rempli de saindoux. On allumait
ce lampion rustique et on obtenait ainsi une
petite flamme rouge, beaucoup de fumée,
et même un peu de lumière. Enfin, les
enfants pouvaient encore, en se rappro-
chant le plus possible, faire leurs devoirs ou
étudier leurs leçons, pendant que la mère
préparait leur repas. Mais en ce quatrième
hiver, le saindoux était si rare qu'on osait
à peine l'employer pour l'éclairage. Il devait
servir à préparer les aliments et à donner
de temps en temps aux enfants l'illusion
qu'ils mangeaient du pain beurré. Aussi,
dans toutes les maisons ouvrières, le repas
du soir se prenait généralement vers six
heures, puis tout le monde se mettait au lit
jusqu'au lendemain matin, à six ou sept
heures. Il le fallait pour économiser à la
fois chauffage et éclairage.

***

Dans cette triste vie, le dimanche apportait cependant une note gaie.

« Voyez donc, me disait-on à la sortie de la messe des enfants, voyez comme ces bambins sont encore gentiment et proprement habillés. Croirait-on, en les voyant ainsi, que l'ennemi pille notre pays depuis trois ans ? »

Le tableau vraiment était charmant.

Se pressant sur les marches de l'église, la foule des enfants, babillant et riant avec une belle insouciance, s'épandait sur la place dans un rayon de soleil. Petites filles ayenantes et vives dans leurs toilettes, marchant avec précaution pour ne pas se salir ; jeunes garçons plus turbulents, gracieux dans leurs petits costumes sombres, les bottines bien cirées, s'amusant et courant les uns après les autres, tout ce petit monde s'en retournait à la maison.

Sur leur passage les lourds Allemands s'arrêtaient, étonnés, ne comprenant rien décidément à cette vie, à cette gaîté, à tout cet air de prospérité qui régnaient encore dans ce pays, pourtant si éprouvé, mais qui ne voulait pas avouer sa misère devant son vainqueur.

Leur étonnement certes était justifié, et cette apparente prospérité était le secret et la fierté des mères. Pour elles-mêmes elles n'avaient besoin de rien : elles usaient leurs toilettes faites il y avait quatre ans ; mais elles voulaient, au moins un jour par semaine, jouir quand même de leurs enfants « comme si ce n'était pas la guerre ».

C'était comme une protestation, et jolie et gracieuse : doublement française !

Coupant dans les vêtements du père parti à la guerre, recherchant dans le fond de leurs armoires de petits coupons d'étoffe que leur prévoyance de mères de famille leur avait fait acheter au temps de leur modeste prospérité, profitant aussi de quelques distributions faites généreusement par le comité américain, elles arrivaient en effet, à peu près, à habiller leurs enfants « comme si ce n'était pas la guerre ». Elles aimaient les regarder ainsi, et se représentaient le retour au foyer de leurs maris, les félicitant d'avoir su, malgré toutes les difficultés, s'occuper avec un tel soin de leurs enfants.

Les riches, dans la mesure du possible, aidaient les pauvres. C'est ainsi que j'ai vu de fines couvertures de laine teintes et transformées en pardessus d'hiver pour les garçons, des tentures de procession en velours

rouge, bleu, vert ou jaune se muer en gen-
tils manteaux de velours noir pour les
petites filles.

En semaine, dame, on était moins coquet !
Les vêtements, vingt fois rapiécés, étaient
usés jusqu'à la corde ; les bottines étaient
réservées pour le dimanche. Les enfants
allaient en sabots — quand on pouvait leur
en fournir, ce qui devenait fort difficile —
ou en galoches de toile avec grosse semelle
de bois que le comité mettait parfois en
vente en quantité malheureusement insuffisante. Les mères confectionnaient des pan-
toufles avec des morceaux de tapis auxquels
était adaptée une semelle de bois ou de
de carton.

Puis quand tout était épuisé et qu'il n'y
avait plus rien, alors on suivait le conseil
donné par les journaux allemands aux populations de l'empire. Vu la disette du cuir,
ceux-ci avaient recommandé de prendre
l'habitude de marcher nu-pieds. « C'était,
disaient-ils, à la fois une économie et l'expression du plus pur patriotisme : car on
montrait par là que l'on regardait le sol de
la patrie comme une terre sacrée, et que
l'on ne voulait pas en être séparé même par
l'épaisseur d'une semelle. »

Nos enfants étaient eux aussi tout dis-

posés à donner à la patrie cette nouvelle
marque d'attachement, en se servant de la
chaussure économique et inusable que la
nature leur avait répartie : la plante des
pieds.

Les nécessités de la lutte pour la vie rendent ingénieux et apprennent à se passer
de bien des choses. Depuis longtemps déjà
on n'ose plus, en pays occupé, dire en entrant dans un magasin : « Voudriez-vous me
montrer tel article ? » Mais on dit : « Auriez-
vous encore par hasard tel article ? »

Que l'on se mette successivement par la
pensée dans toutes les situations de la vie,
presque tout ce qu'elles nécessitent manque
absolument ou ne se trouve que très difficilement. Articles de ménage ou de toilette,
objets de bureaux ou d'école, outils de travail, jeux pour les enfants, tout manque à
la fois. Depuis plus de trois ans les magasins
ont épuisé toutes leurs réserves et les Allemands y ont puissamment aidé.

Parfois l'un ou l'autre des commerçants
de la grande ville obtient de faire venir de
Bruxelles des marchandises, naturellement
vendues très cher. Parfois aussi un officier
boche trouve l'occasion belle de faire un
peu de commerce et cherche à écouler sa

kamelotte allemande sous des noms français.

C'est là tout le trafic de la ville.

Nécessité fait loi. On s'ingénie à l'utilisation intensive de tout ce que l'on possède ; on ne jette plus rien ; tout a une valeur, et on cherche le moyen de remplacer d'une manière quelconque ce qu'on ne peut plus trouver.

On se fait plaisir les uns aux autres en se donnant ou en se prêtant les objets les plus hétéroclites. On emprunte au voisin un morceau de pain ; on prête à un ami dans l'embarras un peigne inutilisé ; on recherche dans les paires de bottines de ceux qui sont absents, celles qui s'adaptent à peu près aux pieds de ceux qui sont restés et qui pourront s'en servir sans trop de souffrance. On fait surtout un royal cadeau en offrant un savon qui mousse encore, en permettant à un ami de se raser sans que ce soit pour lui un supplice, en aidant surtout une pauvre mère de famille à résoudre le problème de la lessive hebdomadaire.

CHAPITRE III

Le Boche

CHAPITRE III

Le Boche.

Parmi les épreuves que l'occupation réserva aux populations des régions envahies, il y en eut deux particulièrement cruelles : l'absence de nouvelles et la présence de l'ennemi.

Les mères et les épouses qui ont au front quelque être cher, comprendront facilement tout ce que peut avoir de pénible la première de ces deux épreuves. La seconde pour être seulement entrevue aura besoin de plus longs développements.

Depuis plus de trois ans que son fils est parti, à moins qu'il ne soit prisonnier, la mère n'a pas reçu un mot de lui. Quelquefois elle ne sait rien de lui absolument. Est-il disparu ? Vit-il encore ? A-t-il été tué, déchiqueté par les obus, noyé au passage d'une rivière, tombé inconnu et ignoré à la lisière d'un bois avec quelques camarades, ou au contraire est-il mort après de longues souffrances dans un hôpital ? Elle ne sait rien.

Elle parcourt tous les jours les listes de prisonniers dans la *Gazette des Ardennes*. Elle fait écrire à ses camarades dans les camps en Allemagne : aucun ne sait ce qu'il est devenu. L'un ou l'autre se souvient bien qu'au début il devait être à tel régiment, mais ils ne savent rien de plus. Et la pauvre femme songe au grand qui est parti, tandis que son regard fixe semble toujours le chercher là-bas, très loin.

Elle demande un appui à ceux qui lui montrent quelque sympathie, elle s'efforce de fortifier en elle une conviction, prête à l'abandonner.

« Il vit encore, n'est-ce pas, dit-elle ; je n'ai pas de ses nouvelles, mais je sais bien qu'il ne peut pas m'écrire... C'est étonnant tout de même que ses camarades prisonniers ne sachent rien de lui... Il est vrai qu'ils n'étaient peut-être pas dans les mêmes régiments. » Elle cherche à se rassurer elle-même la pauvre mère, et elle espère toujours.

Un jour, une carte ainsi libellée arrive dans une famille : « Je suis prisonnier depuis le... dernier. Nous étions partis à l'attaque des lignes allemandes. Mon camarade André X... était près de moi. Tout à coup je le vois tomber. Quelques secondes plus tard, terré

dans un trou d'obus, j'ai regardé en arrière
le cherchant. Je ne l'ai pas vu se relever.
Quant à moi je suis bien portant, interné
au camp de... Voici mon adresse... Votre
fils affectueux, Louis D... »

De proche en proche la nouvelle se
répand : les parents d'André X... eux-
mêmes l'apprennent, lisent la carte. Mais sa
jeune femme ne sait rien. A quoi bon le lui
dire ? Et puis que lui dirait-on ? Tué ? blessé ?
le sait-on ? N'a-t-on pas plusieurs fois, sur
affirmation de prisonniers, annoncé à des
femmes la mort de leurs maris, dont elles
recevaient ensuite d'excellentes nouvelles ?
Il faut être prudent.

Depuis bien des mois cependant, la carte
est arrivée et les parents ne savent plus rien
de leur fils.

« C'est étonnant, n'est-ce pas, maman, dit
pour la centième fois la jeune femme à sa
mère, qu'André ne puisse nous faire parvenir de ses nouvelles. Son ami Louis D... qui
est prisonnier doit bien savoir où il est ?

— Tu sais bien qu'une carte de Louis
est encore arrivée ces jours-ci adressée à
ses parents. Il dit lui-même qu'il a cherché
à avoir des nouvelles d'André et qu'il n'a
pu y parvenir. C'est si difficile de se retrouver dans cette guerre.

— Que c'est triste d'être si longtemps sans nouvelles...

— Maman, quand donc qu'il reviendra papa, dis ?

—. Bientôt, mon chéri, » dit la jeune femme en embrassant follement son enfant, gentil blondin de six ans.

« Regarde, maman, j'ai fait une belle page d'écriture pour lui montrer quand il reviendra. Il sera content, dis !

— Oh ! oui, mon chéri. Je lui dirai, à ton papa, que tu as été bien sage. »

Et songeuse, elle le presse doucement contre elle, comme si elle craignait de le voir aussi partir, tandis que sa mère s'éloigne ne pouvant retenir ses larmes.

Combien encore n'ayant aucune nouvelle, n'y pouvant plus tenir, se sont fait inscrire pour l'évacuation et sont parties avec leurs petits enfants à la recherche d'un mari dont elles apprenaient la mort en arrivant de ce côté des lignes ! Et, tristes épaves, sans ressources et sans but, elles suivaient le convoi des rapatriés dans une région inconnue où elles étaient, trop souvent, durement reçues.

Cependant, par les prisonniers, par la Croix-Rouge, des nouvelles quelquefois parvenaient, vagues et très générales, le plus souvent aussi vieilles de plusieurs mois, mais

enfin c'étaient tout de même des nouvelles.
Elles ne remplaçaient pas la carte personnelle, l'écriture bien connue du fils ou du
mari ; elles calmaient tout de même les
inquiétudes immédiates, elles rendaient la
vie plus supportable.

Dans les premières années les lettres pri-
vées arrivaient en fraude en assez grand
nombre. Mais la surveillance se faisait de
plus en plus étroite, les correspondances pri-
vées devinrent peu à peu plus rares et en
cette quatrième année de guerre elles avaient
en grande partie disparu.

**

Vivre constamment au milieu des ennemis ;
ne pouvoir faire un pas dans la rue sans les
rencontrer ; subir leur regard investigateur,
grossier ou moqueur ; sentir le dédain d'officiers qui se croient d'une race supérieure à
la vôtre, les rencontrer dans les magasins,
les maisons particulières, les églises ; entendre leurs gros rires aux fenêtres de leurs
kantines, leur dur et lourd langage qui semble d'un mot aimable faire une injure ; devi-
ner, dans les moments angoissants d'une offensive qui leur réussit, l'éclair de triomphe
dans leurs regards et la moquerie dans leurs

sourires ; dépendre d'eux, enfin, dans presque tous les détails de la vie, c'est un supplice que les Grecs auraient ajouté à la collection des supplices de leur enfer, si les Grecs avaient jamais été occupés par les Boches.

Les avoir chez soi était plus terrible encore. Je veux parler particulièrement du logement des officiers, car le soldat se montrait en général plus conciliant et plus accommodant. Mais l'officier !...

Quand il est chez vous, vous n'êtes plus chez vous, vous êtes chez lui. Il est le maître et il daigne tolérer votre présence dans la maison. Souvent il ne prend pas votre chambre parce qu'il ne lui convient pas de monter, mais il vous oblige à transformer en chambre à coucher un appartement qu'il désigne lui-même au rez-de-chaussée. Il prend aussi votre salon pour recevoir ses amis et vous ne pouvez plus y pénétrer sans sa permission. Si votre maison est grande, ils s'y installent à plusieurs avec leurs ordonnances, leurs chiens même. Ils occupent à peu près tout, et s'il vous reste au rez-de-chaussée un petit coin, estimez-vous heureux.

Estimez-vous surtout très heureux si vous ne devez subir l'installation d'un casino chez vous ; c'est-à-dire souffrir la transformation d'une partie de votre maison en salle de restaurant pour officiers. Là on mange, on boit, on fait ripaille, on rit, on crie, on chante, on frappe sur le piano. Jusqu'à deux heures, trois heures du matin on s'amuse, avec des femmes parfois. Les bouteilles, sur la table, succèdent aux bouteilles. Ah ! comme il fait bon être en guerre et comme on y vit de douces heures ! C'est encore ici la « guerre fraîche et joyeuse ».

Et pendant ce temps, impuissants à trouver le sommeil, le maître et la maîtresse de maison pensent aux malheureux soldats qui, en ce moment, grelottent dans la tranchée, n'ayant pour tout repas qu'une mauvaise soupe et un méchant morceau de pain.

Peu à peu les cris cessent, le piano s'arrête ; on va, on vient dans la maison. La fête est finie. Les ordonnances viennent chercher leurs officiers affalés dans les fauteuils et les canapés. Ils les aident à se tenir debout, les reconduisent péniblement jusqu'à leurs demeures où les aident à monter jusqu'à leur chambre au premier étage. — Ah ! si nos poilus pouvaient arriver cette nuit, quel plaisir ils auraient ! — Mais eux ne craignent rien ; ne sont-ils pas protégés par de puissantes lignes de tranchées et par de nombreux soldats qui se feront tuer pour empêcher qu'on ne vienne troubler leur sommeil.

Le lendemain, tard dans la matinée, ils descendent, raides dans leurs uniformes, bottés, casqués, jetant autour d'eux des regards dédaigneux. Les soldats, sur leur passage, se figent en la position du garde à vous. Ouvrez la porte de la chambre de ces « seigneurs de la terre », vous reculerez épouvanté ; les draps, les couvertures, les tapis sont souillés ; c'est un horrible mélange...

L'affaire de Saverne nous avait révélé avant la guerre ce côté étrangement honteux de la tenue de l'officier boche. On avait peine à croire cependant que von Forstner ne fût pas une exception, et que l'injure, lancée par les gamins lorsqu'il passait dans la rue, pût s'appliquer à un autre que lui. L'occupation nous a édifiés sur ce point comme sur tant d'autres.

Chez un grand industriel de notre faubourg, les domestiques refusèrent un jour de faire la chambre d'un *intendant général* qui logeait là, tant était écœurant l'état dans lequel étaient trop souvent les draps et les tapis.

En 1914, les officiers d'une troupe de passage prirent logement dans une belle maison que les propriétaires fuyant l'invasion avaient précipitamment quittée. Ils occupèrent pour une nuit seulement l'habitation entière. Le lendemain, après leur départ, on s'aperçut que dans toutes les chambres, ils avaient laissé, étalées sur les tapis, d'ignobles traces de leur passage.

Et il n'y a rien à dire. Voici un fait.

Dans une grande maison est installé un casino d'officiers. Ils sont presque tous très jeunes, sous-lieutenants et lieutenants pour la plupart, persuadés de leur supériorité native et de leur droit d'agir partout en maîtres dans la région, comme ils espèrent bientôt pouvoir le faire à Paris et dans la France entière. Tous les soirs ils se réunissent et font jusqu'à une heure très avancée de la nuit, un tapage assourdissant.

Un jour, le propriétaire rencontre un colonel qui demeurait non loin de là et avec lequel il avait été dans la nécessité d'avoir quelques rapports, d'ailleurs courtois.

« Monsieur, lui dit-il, après quelques mots de conversation, j'ai chez moi un casino d'officiers qui tous, sans difficulté, pourraient être mes petits-fils. Ils font grand bruit toutes les nuits, et cela nous rend la vie très pénible à ma femme et à moi, qui sommes déjà âgés. Je ne m'étonne pas, certes, qu'ils s'amusent, c'est de leur âge, mais ne serait-il pas possible d'obtenir que leurs réunions aient lieu ailleurs. »

Le colonel déclare qu'il comprend très bien la chose, et promet de s'en occuper.

Deux jours après, le monsieur reçoit un mot lui enjoignant de se présenter à la Kommandantur à une heure déterminée. Il est reçu par le secrétaire : « Vous avez osé, monsieur, vous plaindre des officiers qui sont chez vous parce qu'ils faisaient du bruit. Apprenez que nous sommes les maîtres ici, et que nous sommes chez nous partout. M. le commandant a décidé que votre maison entière serait réservée aux officiers. Vous pourrez cependant, jusqu'à nouvel ordre, garder une chambre pour vous et une autre au second étage pour les domestiques. Vous pouvez vous retirer. »

Quelques semaines plus tard, les propriétaires étaient mis à la porte de leur maison, ne pouvant emporter qu'une valise.

Certains de ces lourdauds, parfois, veulent faire de l'esprit et leurs plaisanteries sont toujours d'un goût plus que douteux. Un officier qui avait logé plusieurs semaines chez une personne très respectable, trouva spirituel de laisser en partant, en guise de remerciements, bien en évidence sur le lit, un illustré boche. En dernière page, une grande caricature en couleurs, d'un dessin outré et grotesque comme toujours, — car si c'était spirituel et fin, cela ne les ferait pas rire, — représentait le maréchal Joffre, qui, réveillé en sursaut par un uhlan jouant du clairon à la fenêtre de sa chambre, se sauvait en chemise dans une telle précipitation qu'il en renversait sa table de nuit.

La caricature était très spirituelle et le bon goût de l'officier très boche. Lui, a dû trouver son geste d'une élégance suprême, et, racontant ce haut fait à ses camarades, ils ont eu certainement beaucoup de plaisir et ont dû rire très fort.

Cette histoire m'est revenue à la mémoire et m'a fait sourire lorsqu'au cours de cet été je lus dans nos journaux que l'avance des troupes françaises avait été si rapide qu'un état-major avait été surpris et que le général s'était enfui en chemise poursuivi par nos poilus. J'aurais voulu pouvoir envoyer à l'officier boche, s'il vit encore, la caricature qu'en fit un de nos journaux, avec ce simple mot : « De l'imagination à la réalité ! »

D'autres essaient d'entrer en relations, d'être galants ; et ils font irrésistiblement songer à la fable de l'âne et du petit chien. Ils ne peuvent pas ne pas parler d'eux, ne cessent d'exalter la grandeur de l'Allemagne, le génie de ses généraux, la gloire de ses armes. Ils dénigrent la France, tout en lui accordant d'un air protecteur quelques témoignages d'estime pour ses soldats. Ils bavent sur l'Angleterre, et ne se rendent même pas compte de ce qu'il y a d'irritant et de déplacé dans ces propos à des ennemis impuissants à qui ils daignent adresser la parole. Ils ne tardent pas cependant à s'apercevoir de la froideur et du dédain qui accueillent leurs avances, et leur rage s'augmente de toute la grandeur de leur dépit.

L'un d'eux, voulant un jour s'en venger, annonça à la cuisinière de la maison où il logeait, qu'il avait commandé à la ville des provisions, car il allait recevoir à dîner le soir deux de ses amis et des femmes.

La maîtresse de maison prévenue alla le trouver à son appartement et lui dit : « Monsieur, j'ai interdit à ma cuisinière de préparer votre repas de ce soir.

— Comment, vous avez osé ?

— Oui, j'ai osé ; et je tiens à vous dire que tant que je serai ici, les femmes dont vous parlez ne franchiront pas le seuil de cette maison.

— Mais je suis le maître ici.

— Non, monsieur, car je ne permettrai jamais que l'on salisse ma maison. »

Les provisions arrivèrent, mais le dîner n'eut pas lieu, et l'officier n'osa pas se plaindre à la Kommandantur.

Il n'en allait pas toujours ainsi, et les officiers ne furent pas rares qui « salissaient » les maisons dans lesquelles ils s'installaient en y introduisant des femmes sans honneur et en faisant la fête avec elles. J'en ai même connu qui leur distribuaient les toilettes qu'ils trouvaient dans les armoires de la maîtresse de maison absente.

D'ailleurs dans cette machine énorme qui s'appelle l'armée allemande, ces satisfactions malsaines de l'officier sont prévues et organisées. En arrivant à l'étape à n'importe quelle heure de la nuit il n'a qu'à faire la demande à la Kommandantur qui lui envoie aussitôt une personne classée, « cartée », qui est obligée d'obéir. Et ce n'est pas toujours une personne de mauvaise vie, car je sais qu'il est arrivé que, par vengeance, des officiers, des sous-officiers ou même des soldats, ont dénoncé comme ayant eu une mauvaise conduite des femmes qui avaient énergiquement résisté à tous leurs désirs. Malgré ses dénégations, la femme pouvait être inscrite et forcée d'obéir à toute réquisition.

Peut-être qu'en lisant ces lignes, certains éprouveront une certaine peine à croire à l'authenticité de ces récits. Ils auraient tort. Encore les faits — parfaitement authentiques, — qui sont ici racontés, ne sont-ils que des exemples. La liste en pourrait être considérablement augmentée.

« Pourtant, diront-ils, nous avons vu certains habitants qui avaient logé des officiers et qui ont déclaré que ceux-ci s'étaient très bien tenus. » Je ne le conteste pas ; il y a eu très certainement d'honorables exceptions. Personne ne saurait douter qu'il y ait parmi eux des hommes sérieux et travailleurs, et d'ailleurs, dans bien des cas, l'officier tenu à un travail extérieur ne venait à la maison qu'assez tardivement le soir pour repartir le lendemain matin. Il faut cependant se garder de porter trop rapidement ce jugement favorable sur des hommes que l'on ne connaît que très superficiellement. En voici la preuve.

Un officier, habitant depuis des mois dans une maison, avait fini par sa correction et son amabilité affectée à entrer en relations avec la famille. « Chez nous, disaient facilement les gens de la maison, l'officier est vraiment correct et bien élevé. Puis il n'est pas comme les autres, on peut dire devant lui ce que l'on pense de la guerre sans qu'il se fâche. » C'était encore dans les premiers mois de l'occupation.

Un jour une affiche annonce que l'on doit déclarer tout le vin que l'on possède et que les gendarmes passeront contrôler les déclarations.

« C'est incroyable, dit le monsieur à l'officier, vous allez donc nous enlever tout ce que nous possédons. Prendre le vin dans les maisons particulières, ce n'est vraiment pas la guerre. »

L'officier sourit aimablement, en levant les épaules sans répondre. Encouragé il continue : « Heureusement, j'avais prévu le coup, il y a beau temps que le vin n'est plus en cave. Je vous le dis entre nous, mais entre nous seulement : je l'ai caché dans mon poulailler, sous la paille. Bien malin qui viendra le trouver là. »

L'officier rit très fort : « Ah ! très bien ! très bien ! »

Le lendemain la Kommandantur faisait prendre dans le poulaillier le vin du monsieur un peu naïf et lui donnait une forte amende pour l'avoir caché.

La famille ne vantait plus les qualités de son hôte forcé.

Le logement des soldats, — quand on

n'avait pas affaire à des troupes de passage, — offrait généralement moins d'ennuis.
Vieux pour la plupart, pères de famille, ils
n'étaient dans la zone du front qu'à cause de
la nécessité où l'on s'était trouvé de compléter toujours les effectifs.

Généralement calmes, et beaucoup moins
arrogants que les officiers — qu'ils ne portent
pas dans leur cœur — ils logent soit dans les
demeures abandonnées par leurs propriétaires et transformées en petites casernes,
soit dans les maisons de modeste apparence.
Ils occupent une chambre ; la mère et les
enfants la ou les autres chambres. Pour se
faire comprendre, ils parlent un langage
nègre mélange d'allemand et de français. Les
habitants leur répondent de la même manière.

Dans ces maisons d'où l'homme est absent
depuis quatre années, et où ils logent pendant des mois, ils cherchent parfois à abuser
de la situation. Il faut cependant reconnaître
qu'ils ne se montrent pas en général très
entreprenants ; et il est assez rare — je ne
dis pas inconnu — qu'ils aient employé la
violence. Leur amabilité, l'intérêt porté aux
enfants, les petites douceurs, le lait ou les
œufs qu'ils tâchent de leur procurer sont
pour les mères un plus grand danger

et l'on comprendra facilement ce que ces situations prolongées pouvaient avoir parfois de difficile.

Je dois à la vérité de dire, — et je proclame hautement que c'est la vérité, — que l'attitude des femmes fut, d'une manière très générale, digne de tout éloge, qu'elles surent imposer le respect à l'Allemand chez elles, et se souvenir, malgré ses artifices, qu'elles étaient à la fois françaises, mères et épouses.

Il y eut malheureusement des exceptions, mais ces exceptions furent peu nombreuses, — je ne parle pas ici de cette race de femmes et de « filles » prêtes à tout avant comme pendant la guerre —; car une femme honnête qui était quelque peu familière avec un Allemand, était aussitôt montrée du doigt, et mise à l'écart, et elle entendait sur son passage des paroles désagréables qui lui faisaient nettement connaître les sentiments de tous.

*
* *

Maître dans la rue, maître dans la maison, l'Allemand veut encore régner dans les intelligences. Aussi a-t-il créé des journaux à l'intention des régions envahies, journaux infâmes qui, à l'aide de fausses nouvelles, d'articles perfides, mènent à fond la campagne du défaitisme dans les pays envahis. Ils s'appellent *le Bruxellois, la Gazette des Ardennes, la Gazette de Lorraine*. Ils ont employé tous les moyens pour s'insinuer dans les familles : publication avec plus ou moins de retard des communiqués de toutes les armées, listes interminables de noms de prisonniers, feuilletons alléchants.

Chacun voulait savoir les nouvelles, chercher un nom de prisonnier, lire enfin quelque chose, passer son temps. Et précisément parce qu'il fallait passer le temps, on lisait le journal depuis la première ligne jusqu'à la dernière.

On apprenait ainsi que l'Allemagne n'avait jamais voulu la guerre ; que la France était épuisée ; que l'Italie renégate, traître et félonne, tremblait à la pensée de la punition qui lui était réservée ; que l'Angleterre, la grande criminelle, était cause de tous les fléaux de la guerre ; qu'elle voulait épuiser la France, l'Allemagne, l'Europe entière pour dominer le monde ; qu'elle ne quitterait jamais Calais, Dunkerque et la côte de la mer du Nord, qui d'ailleurs lui était garantie par des traités secrets.

Puis, on apprenait encore que, par suite de la campagne sous-marine, la guerre allait finir dans trois mois ; que l'Angleterre et la

France allaient mourir de faim et seraient obligées de supplier pour obtenir la paix. Les journaux reproduisaient une carte de pain française, une seule feuille, montrant qu'en notre pays les habitants en étaient réduits à 100 grammes de pain par jour et par personne. Ils démontraient, par cinq ou six impossibilités, la folie de la croyance d'une sérieuse entrée en scène de l'Amérique — c'était vraiment trop prouver ! — Leurs communiqués lus rapidement étaient toujours des victoires pour l'Allemagne. Les attaques françaises étaient toujours repoussées, les Allemands toujours victorieux. S'ils avançaient, ils n'avaient pas assez de mots pour le dire ; s'ils reculaient, ils ne le disaient pas, ou c'était si bref et si rapide, qu'on s'en apercevait à peine.

Et tous les jours les articles se succédaient ainsi, montrant l'Allemagne triomphante au sommet de la gloire et de la puissance ; la France qu'ils plaignaient, épuisée, sanglante et dévastée ; l'Angleterre affamée par les sous-marins ; l'Amérique impuissante de l'autre côté de l'Océan. Et les cloches des églises, aussi longtemps qu'elles existèrent, sonnaient pour les éclatantes victoires des invincibles armées allemandes.

Je ne crois pas qu'il y ait rien de plus

odieux que ce viol des intelligences chez des populations que l'on s'efforçait de priver de toute autre nouvelle.

Tout d'abord la population n'y prit pas garde, et le travail profond cherché par les Allemands se fit peu à peu.

Il est si difficile de résister à son journal!

Ces populations qui souffraient, et qui ne voyaient jamais arriver la délivrance si souvent promise, en arrivaient à croire que de l'autre côté on ne faisait rien pour elles, qu'on était impuissant à les délivrer, et le découragement montait lentement.

Alors tous ceux qui possédaient de l'influence, et tout particulièrement le clergé, se mirent en campagne. Ils leur découvrirent la fourberie des journaux allemands rédigés à leur usage en mauvais français, ils mirent à nu la sournoise campagne dirigée contre leur patriotisme, ils leur apprirent à lire sur la carte les communiqués et à en découvrir la vérité; les curés, dans les églises, prenant prétexte du feuilleton, dénoncèrent publiquement ces journaux, qui apportaient l'immoralité et semaient le découragement.

Bien vite les populations se reprirent. Elles reconnurent le piège allemand et se redressèrent. Elles achetaient encore le journal, mais s'en moquaient. La campagne alle-

mande de défaitisme n'avait pas vécu longtemps dans les pays envahis.

Les journaux allemands s'en étonnaient.
La *Gazette de Cologne* confiait à ses lecteurs
qu'elle ne comprenait pas la mentalité des
populations occupées. «On n'a pas, disait-
elle, l'impression que les habitants des villes
croient à notre incontestable supériorité. Ils
voient tous les jours dans les rues le défilé
de nos troupes, de notre artillerie, de nos
approvisionnements de toutes sortes, ils
assistent au développement de notre force
et de notre organisation militaire, et cependant ils croient toujours aussi fermement
qu'au début à la victoire de la France. »

La même *Gazette de Cologne* ne publiait-
elle pas encore un autre article ahurissant
de son correspondant au front ? Il parlait de
la ville de Lille, disait que les Allemands
avaient fait régner partout l'ordre et la
propreté, prenant des mesures d'hygiène
très sévères, qui contrastaient avec les habi-
tudes françaises. Il ajoutait : « On est étonné
de ne sentir chez l'habitant aucun sentiment
de reconnaissance à notre égard ; il ne semble
pas apprécier le bien fait à la ville ; on a
nettement l'impression qu'il ne nous aime
pas. »

Vraiment, il exagérait !

***

Ah ! certes non, le Boche n'est pas aimé, et il fait d'ailleurs tout ce qu'il faut pour cela. Si encore on pouvait l'ignorer, passer dans la rue comme s'il n'y était pas, vivre chez soi comme si on était seul, sans le voir, sans lui causer ; mais il vous tient, il vous saisit dans ses griffes, il pénètre dans tous les détails de votre vie. Il entre chez vous comme il lui plaît, il prend ce qu'il veut. Si vous réclamez, vous êtes puni.

Observez vos paroles et vos gestes, la dénonciation vous guette et la punition est toujours prête.

Lisez les affiches ; ne riez pas, vous serez puni ; ne pleurez pas, vous les ferez rire. Voyez ce qu'elles annoncent : aujourd'hui, revue des chevaux ; demain, revue des hommes ; après-demain, revue des chiens ; le jour suivant, revue des femmes.

La revue ! Formalité humiliante et inquiétante, où l'ennemi fait sentir sa domination d'une manière plus aiguë, et dont il s'est servi bien des fois pour désigner ceux à qui il entendait imposer le travail. Elle a lieu tous les dimanches pour les enfants et les hommes de 14 à 60 ans ; tous les soirs pour les jeunes gens de 18 à 25 ans.

Il y faut être bien à l'heure, s'aligner sage-
ment, numéro par numéro, la carte d'identité
à la main. Les gendarmes sont là, revolver
dans la gaine, jouant avec la cravache.

« Votre numéro est passé, vous êtes en
retard », crie le gendarme qui attrape
brutalement un malheureux par l'oreille, et
l'envoie promener effaré, dans un coin avec
un coup de pied. « Vous passerez tout à
l'heure, quand nous aurons le temps. »
10 marks d'amende !

Huit jours après, tout le monde prudemment est à l'heure. Il fait froid, la neige
tombe, les pieds sont glacés. Tranquillement les gendarmes arrivent avec une heure
de retard.

Parfois, des revues supplémentaires sont
annoncées. Le commandant viendra en personne. Émotion générale ! Que veut-il faire ?
Sont convoqués tous les hommes qui ne
travaillent pas encore pour les Allemands :
maire et conseil municipal, curé et vicaires,
industriels, employés, ouvriers. « Qui êtes-
vous ? Que faites-vous ?... Votre travail n'est
pas nécessaire ; j'ai besoin de vous pour
travailler. »

Deux jours après, c'est le tour de toutes
les femmes et jeunes filles. Mêmes questions
dans le même but.

Le travail pour les Allemands, c'est le cauchemar redouté de tous.

Dans chaque maison, à l'intérieur, près de la porte d'entrée, une feuille est affichée, donnant le nom, l'âge, le sexe, etc., de chacune des personnes de la maison. Souvent la nuit, de ci, de là, ils perquisitionnent. Tout le monde doit se lever, éclairer les appartements, se présenter. Ils contrôlent les présences avec la feuille d'habitation, puis visitent la maison, regardant sous les lits, ouvrant les armoires, montant au grenier, descendant à la cave, faisant le tour du jardin. Quand c'est fini, ils s'en vont. Que sont-ils venus faire ? Ils ne vous le disent pas. Vous pouvez vous recoucher.

Défense de sortir de la commune sans laissez-passer. Défense même de parler aux habitants des communes limitrophes. Si vous devez aller en ville, faire quelque emplette indispensable, voir un spécialiste, chercher de l'argent, visiter un parent sérieusement malade, il vous faut de la Kommandantur une autorisation qui vous sera presque certainement refusée.

La Kommandantur, mot qui dans toutes les localités évoquera, après la guerre, des souvenirs terribles... qui résumera l'occupation. C'est le bureau militaire de la place qui traite toutes les questions touchant les relations de l'occupant et de l'occupé.

Trois salles : la salle des secrétaires, le bureau du lieutenant, celui du commandant. Ici, près de la porte, à une table couverte de papiers est assis un secrétaire ; c'est à lui que l'on a affaire, à lui seul.

Petit, sec, jeune encore, embusqué ayant probablement payé au gouvernement les 50.000 marks qui, au dire des soldats, le mettent provisoirement à l'abri, il voit défiler tous les jours à sa barre des gens qui, humblement et la rage au cœur, viennent lui demander ce qu'ils désirent. Il s'appelle Zimmer. Il est ravi de son importance ; son abord est glacial, sa parole hautaine et mordante.

Successivement défilent ceux qui ont quelque chose à demander ou qu'il a convoqués. Il vous écoute quand il veut bien, daigne lever les yeux sur vous après dix minutes ou un quart d'heure que vous attendez, le chapeau à la main, écoute sans mot dire vos explications, puis d'un mot bref il vous congédie : « Non. Ce n'est pas la peine.

— Mais enfin, monsieur... »

Déjà il vous montre la porte du geste. N'insistez pas ; il vaut mieux sortir de suite ou bien il vous fera sortir.

On reçoit l'ordre de se présenter à une
heure déterminée. C'est toujours angoissant
d'être appelé à la Kommandantur, le billet
ne donne pas le motif, et on peut être certain que ce ne sera pas pour apprendre
une nouvelle agréable. On se présente à
l'heure. Il n'est pas là. Pendant une heure,
deux heures parfois, à la porte, au soleil ou
à la pluie, on attend le monsieur qui ne vient
pas. Mécontent, humilié, on voudrait partir,
revenir plus tard ou le lendemain. Qu'on
s'en garde : on serait puni pour n'être pas
exact au rendez-vous.

J'ai vu ce jeune secrétaire de 24 ans, jeter
à la porte lui-même par les épaules un
vieillard de 75 ans qui était entré dans le
bureau quelques minutes après l'heure
permise.

« Sortez, monsieur, l'heure est passée. Le
bureau est ouvert jusqu'à 11 heures et il est
11 h. 10.

— Excusez-moi, monsieur le secrétaire,
je me suis trompé, je pensais que c'était
11 heures, heure française.

— Que dites-vous ? l'heure française
n'existe pas, c'est une erreur. Sortez.

— C'est que, voyez-vous, c'est très
urgent...

— Sortez, vous dis-je, et n'en dites pas

C'est la terreur. Chacun doit surveiller ses gestes et ses paroles, s'observer partout, même avec ses compatriotes, car les langues sont souvent longues, et, avec les meilleures intentions, ceux à qui il se sera confié parleront trop.

Tous les jours paraissent des affiches nouvelles donnant les noms des condamnés et les motifs divers, bizarres, risibles parfois de leurs punitions.

Voici toute une série de mères de famille condamnées à 21 jours de prison cellulaire pour avoir elles-mêmes ou un de leurs enfants enlevé deux ou trois choux, quelques carottes dans les champs réservés aux Allemands.

10 marks d'amende à celle-ci pour n'avoir pas assez soigneusement balayé son trottoir avant huit heures du matin.

21 jours de prison à cet autre pour n'avoir pas pris sa droite en croisant sur le trottoir un officier supérieur.

10 marks d'amende à toute une série d'hommes et de jeunes gens arrivés à la revue avec quelques minutes de retard.

40 jours de prison à un vicaire pour avoir organisé sans autorisation de l'autorité militaire des réunions de jeunes gens et avoir publié une brochure sans passer par la censure.

50 marks d'amende à son curé pour lui avoir permis de la faire.

1.000 marks d'amende ou 40 jours de prison à M. le Maire pour avoir envoyé une lettre inconvenante à M. le commandant au sujet de la réquisition des métaux.

3 mois et demi de prison à une femme pour un fusil trouvé dans une cave, où il avait été placé par son mari au moment de l'évacuation.

1.000 marks ou six semaines de prison à une autre pour un revolver trouvé dans un secrétaire dont son mari avait conservé la clef au moment de son départ.

50 marks à M. le Curé parce que des personnes ont ouvert la porte de l'église pendant un office allemand.

Toute une série d'amendes plus ou moins élevées ou de jours de prison correspondants pour des objets cachés soumis à la réquisition.

1.000 marks payables en or à un délinquant que l'on suppose avoir une réserve d'or.

20 marks pour avoir déclaré qu'une poule était morte par accident alors qu'il s'agit d'une négligence volontaire.

Puis des peines plus importantes :

30.000 marks ou 3 ans de forteresse à un

industriel de la commune pour avoir dissimulé des marchandises réquisitionnées.

100.000 marks ou 5 ans de forteresse à un négociant en vins pour avoir expédié à Lille sans autorisation des barriques de vin.

10 ans de forteresse pour avoir gardé jusqu'à ce jour des pigeons dont on a retrouvé les plumes et les os.

15 ans de forteresse à cet autre pour garder et nourrir malgré les défenses réitérées des pigeons voyageurs.

Enfin l'affiche suprême :

« Exécution capitale.

« Par ordre du gouverneur militaire il est porté à la connaissance de la population que X... a été ou ont été fusillés tel jour pour cause d'espionnage, ou de recel volontaire d'armes prohibées. Pour servir d'avertissement à la population. »

Tous les jours les punitions se succèdent et les motifs se multiplient de plus en plus. On fait queue à la Kommandantur pour payer ses amendes ou surtout pour déclarer qu'on ne peut les payer.

« Monsieur, je suis une pauvre femme, je n'ai pas assez d'argent pour vivre avec mes petits enfants. Je ne puis payer.

— Vous ne voulez pas payer 10 marks ?

— Je ne puis pas.

— C'est bien ; vous travaillerez pour nous pendant trois jours. »

« Monsieur, dit un homme de 60 à 65 ans, je viens vous dire que je ne peux pas payer mon amende, je n'ai pas de sous.

— Vous ne pouvez pas payer ? Ce n'est pas vrai. Nous savons que vous pouvez payer.

— Je regrette, monsieur, mais je vous assure que je n'ai pas d'argent.

— C'est bien, nous nous paierons nous-mêmes. »

Et le lendemain on vient chez le monsieur, on lui prend une montre, une bague, une pendule, quelques objets de valeur et on les met en vente aux enchères pour les soldats allemands, enchantés de pouvoir envoyer à bon compte un petit souvenir de la guerre à Fraulein.

D'autres ayant le choix entre l'amende et la prison préfèrent la prison, afin, disent-ils toujours, de ne pas donner à l'ennemi de l'argent qui l'aidera à couvrir ses emprunts et à continuer la guerre. Des ouvrières et des femmes du monde, des prêtres et des méde-cins, des patrons et des ouvriers, sont jour-nellement conduits au sombre bâtiment pour purger des peines plus au moins longues.

*
* *

C'est un honneur d'aller en prison ; mais ce n'est pas drôle ! Une petite cellule blanchie à la chaux, une porte aux énormes serrures avec guichet et judas, une imposte à deux mètres de hauteur. Comme ameublement : un lit relevé contre le mur pendant la journée, avec une maigre et sale paillasse étendue sur les barres de fer ; une table encastrée dans le mur, une grossière chaise de bois retenue au mur par une chaîne de fer ; un robinet à eau ; un siège pour W. C. Comme régime : de l'eau noire appelée café le matin à six heures, une soupe innommable à onze heures, un morceau de pain noir à cinq heures du soir et quelquefois un biscuit envoyé par le comité américain. De temps à autre aussi, si l'on n'est pas gravement condamné, un petit supplément fourni encore par le comité : une cuiller de saindoux ou un petit morceau de lard d'Amérique ou quelques grammes de fromage. C'est tout. Ce n'est pas kolossal !

Après quelques semaines de ce régime, un homme peut à peine se soutenir. Comme distraction, quand il fait beau, une sortie de trois quarts d'heure dans le préau, qui est une petite cour de quelques mètres carrés entourée de hauts murs. On visite complètement le condamné à son arrivée et on lui enlève livres, papier, crayon, canif, etc., on lui laisse son mouchoir et ses gants.

S'il est gravement puni, ou si l'on veut l'affaiblir dans l'espoir d'obtenir de lui des renseignements ou des dénonciations, on le met au pain et à l'eau, la sortie est supprimée, et l'imposte qui donne accès à l'air et à la lumière est bouchée. C'est ce qu'on appelle la « cellule noire ». Le malheureux ne peut alors distinguer le jour de la nuit que par les allées et venues dans les couloirs de la prison.

Il arrive parfois que les gardiens exploitent certaines situations particulières des détenus pour ajouter, avec je ne sais quel raffinement de cruauté, des souffrances nouvelles au régime déjà si dur de la prison. En voici un exemple :

Un industriel (1) est un jour arrêté et jeté en prison, compromis dans une affaire de télégraphie sans fil. Enfermé dans sa petite cellule, il vit séparé du monde entier. Les seuls êtres vivants qu'il voit encore sont deux

_____

(1) M. D., fondeur à Roubaix.

ou trois détenus qui viennent pendant quelques instants le matin, sous la surveillance
du gardien allemand, procéder en silence au
nettoyage de sa cellule. Il ne sait plus rien
de ce qui se passe au dehors.

Quelques jours après son arrestation, sa
femme est elle-même arrêtée et enfermée
dans la même prison, deux étages au-dessus
de lui. Il n'en sait naturellement rien.

Il y a un peu plus de trois mois qu'il est
là, lorsqu'un gardien ouvre la porte de sa
cellule à une heure inaccoutumée et lui dit à
brûle-pourpoint : « Voulez-vous voir votre
femme ? »

Lui qui n'en a aucune nouvelle depuis son
arrestation, qui la croit toujours en liberté
et qui connaît en même temps les sévères
règlements de la prison, se demande, un
instant interdit, comment sa femme a pu
obtenir l'autorisation de venir le voir. Mais
aussitôt, sans réfléchir davantage, heureux
et joyeux, il répond : « Oh ! je crois bien
que je désire la voir !

— Suivez-moi. »

Il va enfin avoir des nouvelles de sa
famille, de ses amis, de ce qui se passe
dans le pays, il va revoir sa femme ; quel
bonheur inespéré !

Mais on lui fait monter des escaliers, on

l'arrête devant la porte d'une cellule où il voit inscrit sur une ardoise le nom de sa femme. Qu'est-ce que cela veut dire ?

Le gardien ouvre la porte, le précède et lui dit : « Voilà votre femme. » Elle était étendue, morte, sur le lit de la prison.

Il hésite un moment, puis se jette à genoux, éperdu de douleur ; il l'embrasse, il sanglote.

Au bout de quelques instants, le soldat lui met la main sur l'épaule : « Il faut rentrer dans votre cellule. »

Deux jours après, il obtenait avec difficulté l'autorisation d'assister à l'enterrement de sa femme, accompagné d'un soldat qui avait ordre de ne pas le quitter un seul instant.

Peut-on douter après cela des actes de cruauté commis en Belgique par des soldats de première ligne furieux de la résistance inattendue trouvée aux portes de Liége ?

L'Allemand qui est naturellement mouchard, dressé à l'espionnage dès sa jeunesse, montre aussi dans son tempérament je ne sais quel fond de cruauté qui justifie pleinement cette appellation méprisante de « Boche » que le Français lui a donnée dès le début de la guerre, la rendant synonyme de barbare et de Hun. On en trouvera des preuves dans la partie de ce livre réservée au travail en pays occupé. Je veux cependant en donner encore un rapide exemple.

Au début de l'occupation, un homme, jardinier de son état, s'en revenait tranquillement chez lui avec un de ses amis. Il avait dans la poche de son tablier bleu un sécateur ; sur le bord de la route traînait à terre un fil de cuivre reliant probablement entre eux deux états-majors pour le téléphone ou le télégraphe.

Par bravade, sans avoir d'ailleurs l'intention de le faire, l'homme dit à son voisin en prenant son sécateur et se penchant sur le fil : « Si je voulais, comme j'aurais vite fait de le couper ! »

Deux soldats allemands le surprennent à ce moment, le conduisent à un officier qui décide séance tenante de le faire fusiller.

On lui met alors une bêche entre les mains, et on le force à creuser lui-même sa tombe pendant que les soldats chargent leurs fusils et que l'officier fume sa cigarette.

Quand il fut à cinquante centimètres de profondeur on l'arrêta, on lui mit son foulard rouge sur les yeux et on le fusilla debout dans la fosse qu'il venait de creuser (1).

(1) Cela s'est passé à Loos-lez-Lille. L'auteur a été pour ce fait enfermé comme otage de la commune à la citadelle de Lille avec deux conseillers municipaux.

Ils faisaient bon marché de la vie d'un homme. Combien d'autres furent ainsi condamnés ? Et combien furent heureusement sauvés au dernier moment par l'énergique intervention de Mgr l'Évêque de Lille ? On le saura un jour.

J'ai dit plus haut qu'il fallait veiller avec soin sur ses gestes et sur ses paroles, qu'il fallait être prudent. Je veux en donner des preuves.

Un monsieur très correct, visage rasé, se présente un jour au bureau d'un homme occupant dans la commune une situation officielle.

« Monsieur, dit-il en excellent français, je me présente à vous dont je connais les titres, et sûr de n'être pas trahi, pour vous demander certains renseignements auxquels j'attache une très grande importance. Je suis Français, espion au service de l'armée anglaise ; voici les papiers qui établissent ma situation. »

Il sort de son portefeuille des papiers du ministère de la Guerre, à Paris, du ministère de la Guerre à Londres et du généralissime des armées anglaises : papiers à en-tête imprimée, dûment signés et paraphés.

« Vous voyez, monsieur, qui je suis,

et vous voyez aussi que les différents ministres de la guerre aussi bien que Sir Douglas Haig insistent pour que personne ne me refuse les renseignements dont je puis avoir besoin. »

Il pose alors un certain nombre de questions sans grande importance auxquelles son interlocuteur ne répond qu'avec une certaine répugnance.

« Connaissez-vous telle personne ?

— Vaguement, oui.

— Oh ! monsieur, vous la connaissez certainement, il n'y a pas de doute.

— ....

— Est-il vrai que cette personne ait dit dans son entourage qu'un régiment français dont elle donnait le numéro s'était trouvé en ligne dans les tranchées de ce côté il y a quelque temps ?

— Je ne sais pas.

— Comment vous ne savez pas ? Il me semble plutôt qu'il y a chez vous je ne sais quelle défiance et que vous ne voulez pas savoir. — Connaissez - vous Monsieur X... ?

— Pas particulièrement, non.

— Que fait-il ?

— Mais, comme beaucoup en ce moment, il ne fait rien.

— On m'a dit que c'était lui qui avait fait connaître à la personne dont je vous parlais la situation de ce régiment français. Etes-vous au courant ?

— Mais non, j'ignore totalement l'affaire dont vous me parlez.

— Oh ! je vois, monsieur ; vous ne voulez pas parler, dit l'étranger en élevant la voix. Et cependant je vous ai montré mes titres ; vous savez le rôle que je joue au péril de ma vie. Voilà l'aide que l'on reçoit de ses compatriotes. C'est bien, monsieur, je ferai mon rapport au gouvernement français, je lui dirai toutes les difficultés que nous rencontrons dans notre travail de la part de ceux-là mêmes qui devraient plus efficacement nous aider ! »

Il s'arrête un instant pour juger de l'effet produit, puis continue son interrogatoire, pendant que l'autre garde toujours un mutisme prudent.

Bien lui en prit, car c'était un espion allemand.

S'il avait parlé, outre qu'il eût peut-être compromis d'autres personnes, il eût été sévèrement puni suivant la formule : « C'est à un Allemand que vous avez parlé. Mais si vous aviez eu réellement affaire à un espion français ou anglais, vous lui auriez parlé de la même manière, vous ne l'auriez pas dénoncé aux autorités allemandes ; donc vous êtes espion ou tout au moins complice. »

Cet autre exemple, tragique cette fois, le prouve.

Dans le village de Sautes à quelques kilomètres de Lille, un homme est assis chez lui occupé à fabriquer des balais avec des brindilles de bois. Un individu entre, engage la conversation, et familièrement s'assied pour l'aider dans la fabrication de ses balais. La conversation devient de plus en plus amicale. Soudain l'étranger baisse légèrement la voix et explique à son nouvel ami d'un air confidentiel qu'il est espion, qu'il voyage avec de faux laissez-passer, tâchant de recueillir le plus de renseignements possible, mais que surtout il n'en faut parler à personne.

« Je vois, dit-il, que vous êtes un brave homme et que vous ne me vendrez pas. J'ai confiance en vous.

— Diable, répond l'autre, c'est dangereux ce métier-là, surtout avec ces bougres d'Allemands. Méfiez vous, surtout.

— Bast ! voilà trois ans que cela dure, ils n'ont pas encore réussi à m'attraper. »

Et la conversation continue. L'espion, toujours faisant ses balais, demande des renseignements sur le logement des troupes, l'emplacement de la Kommandantur, la position de quelques gros canons, la situation des nouvelles tranchées. Et le brave homme répond, disant des choses qui ne sont un secret pour aucun des habitants. Que saurait-il d'ailleurs, perdu dans son village, sans avoir jamais le droit d'en sortir ?

Tout au plus a-t-il pu répéter quelque banal propos d'officier annonçant une offensive sur Paris ou Calais, propos pris au sérieux par lui et que les événements justifièrent quelques mois plus tard.

Enfin, l'étranger s'en va ; on se serre la main, très bons amis.

Quelques heures après, on venait arrêter le brave paysan. Il fut jeté en prison, jugé et condamné à mort comme espion, parce qu'il avait révélé des secrets de guerre à un homme qu'il croyait être au service de l'ennemi.

Il a été fusillé.

Autre fait. Deux hommes trouvent dans un champ, le matin, un panier contenant quelques pigeons voyageurs. Un parachute solidement attaché indique que le panier a dû être jeté d'un aéroplane la nuit et venir atterrir doucement dans les champs. Une étiquette fixée sur le côté prescrit de lâcher les pigeons avec un billet donnant quelques indications utiles sur la situation des Allemands dans le pays.

Les deux hommes ne doutent pas qu'ils ne se trouvent en présence d'un moyen imaginé par les Anglais ou les Français pour obtenir quelques renseignements. Aidés de leurs femmes, ils rédigent rapidement quelques billets d'ailleurs très vagues et lâchent les pigeons.

C'était encore une ruse des Allemands. Deux heures après, hommes et femmes sont arrêtés, emprisonnés, convaincus du crime d'espionnage et fusillés tous les quatre.

« Si ce panier, disaient les Allemands, avait été réellement jeté là par les Français ou les Anglais, vous auriez de la même manière relâché les pigeons, vous auriez par ce moyen donné des indications à l'ennemi. Donc, vous êtes des espions. »

Ainsi par ces moyens de terreur les Allemands espéraient empêcher le véritable espionnage ennemi dans les territoires qu'ils occupaient, et ils tenaient les habitants dans une continuelle inquiétude.

**

A côté de la punition personnelle, il y a la punition collective. Elle est infligée à une commune, à toute une ville soit pour des délits collectifs, soit pour des délits individuels dont l'auteur n'est pas connu. Parfois même l'auteur est connu et arrêté ; mais la punition frappe toute la population afin d'enlever aux autres le désir de recommencer.

C'est en 1915 que furent infligées aux populations les premières punitions collectives, lorsque les ouvriers et les ouvrières refusèrent de travailler pour les Allemands et que les maires de leur côté se refusèrent soit à les y pousser, soit à payer ceux qui s'étaient présentés volontairement.

Elles consistent généralement en une réduction plus ou moins longue des heures de sortie dans la journée, la suppression de tous les laissez-passer, une amende aux communes, et, si la chose est grave, le prélèvement d'otages et leur emprisonnement.

La réduction des heures de sortie dans la journée, surtout dans les mois d'été, est particulièrement pénible dans les villes et les faubourgs où les maisons sont petites, manquent d'air et n'ont pas de jardins. Quand une mère de famille qui a cinq ou six enfants est obligée de les tenir enfermés chez elle pendant une grande partie de la journée, sans qu'ils aient seulement le droit de mettre le nez à la porte ou à la fenêtre, elle ne trouve pas que ce soit gai ; — car cette peine comporte la défense de se tenir à la porte ou même de se mettre à la fenêtre. Les gendarmes parcourent incessamment les rues pour punir les délinquants.

Il est fort probable qu'il ne doit pas y avoir en pays occupé une seule commune qui n'ait encouru une ou plusieurs fois des punitions de ce genre.

Les motifs en sont fort variés : refus collectif de se présenter pour le travail ou de déclarer les objets prohibés ; rossée administrée le soir à un Allemand par un inconnu, inscriptions injurieuses pour Guillaume ou les Boches marquées sur les murs ; parfois même meurtre de soldats allemands ou de gendarmes, ou encore toute autre raison à la discrétion du commandant de place.

La commune de Loos, par exemple, est punie pendant quatre semaines parce qu'un soldat a trouvé un drapeau allemand sur lequel était inscrit en grosses lettres : « M... pour les boches ». Le drapeau a été porté à la Kommandantur : fureur du commandant ; forte amende à la commune ; suppression de tous les laissez-passer, quelle que soit l'urgence ; interdiction pendant un mois aux habitants de sortir de chez eux tous les jours depuis deux heures de l'après-midi jusqu'au lendemain à neuf heures.

Une affiche annonce la punition et donne le motif : « une inscription outrageante sur un drapeau de l'armée allemande. »

C'est le mois de juin. Le matin, quelques minutes avant neuf heures, chacun se prépare afin de ne pas perdre un instant des quelques heures de liberté de la journée ; à neuf heures, les portes s'ouvrent, les rues silencieuses deviennent subitement animées et bruyantes. Les femmes s'empressent pour faire leurs courses de ménage, vont au comité américain, s'impatientent dans les queues inévitables en face des comptoirs ; les hommes passent rapidement, leurs outils de jardinage sur l'épaule ; les enfants vont bien vite à l'école pour quelques heures seulement ; un convoi mortuaire se hâte vers l'église. Tout le monde est affairé ; les langues vont leur train.

A une heure et demie, l'animation commence déjà à décroître ; chacun regagne sa demeure, car il ne s'agit pas d'être en retard. A la porte de leurs maisons, les habitants causent entre eux ; les enfants profitent des dernières minutes de liberté.

A deux heures, les portes se ferment ; la ville ressemble à une ville morte. Rapidement les gendarmes passent en bicyclette, cherchant à prendre en défaut, prêts à punir. C'est le silence de la nuit sous les resplendissants rayons du soleil. De ci de là, le pas pesant des soldats allemands résonne sur le trottoir, leurs lourdes conversations et leurs gros rires se répercutent en un lointain écho.

Dans leurs petites maisons sans jardins, les enfants bientôt s'agitent et s'énervent. Ils manquent d'air et d'espace ; il fait chaud et dehors il fait beau. Impatientée la mère ouvre la porte, s'assure d'un coup d'œil que le gendarme n'est pas là, et les envoie jouer sur le trottoir en leur recommandant de ne pas faire de bruit.

Mais le représentant de l'autorité n'est jamais loin ; il apparaît bientôt en bicyclette au bout de la rue, et les enfants qui le voient se précipitent apeurés dans la maison. Il arrive à son tour, crie, tempête, menace de la prison la pauvre femme tremblante, jette des regards furibonds sur les enfants qui se blottissent dans un coin, et s'en va après avoir pris le nom de la mère et le numéro de la maison. Bientôt elle connaîtra sa punition : amende ou prison.

Une autre commune (1) fut un jour punie

____

(1) Don, près Lille.

pour une raison qui vaut d'être contée.

Un avion anglais ou français volait très haut, semblant depuis quelque temps réellement planer au-dessus de la localité. La canonnade allemande faisait rage et les shrapnells éclataient autour de lui. Les soldats arrêtés aux portes des maisons regardaient. Tout à coup ils poussent des cris de joie ; l'avion sûrement est touché, il tombe. Ils appellent les habitants qui, curieux et inquiets, sortent eux aussi tandis que les Allemands triomphent bruyamment. L'aéroplane pique droit vers la terre à une vitesse vertigineuse.

Mais à 100 mètres à peine du sol, subitement il se redresse en laissant tomber une bombe sur un train de soldats qui revenaient du front. Le train est coupé en deux : il y a plus de quatre-vingts tués.

A leur tour, les habitants voyant l'aéro se redresser et partir tranquillement ont poussé des cris de joie et claqué des mains. Le commandant furieux les a punis. Défense pendant trois semaines de sortir de chez eux après quatre heures du soir ; suppression de tous les laissez-passer pendant le même temps.

Une commune encore est sévèrement punie. Deux gendarmes ont été tués. On a retrouvé leurs cadavres. L'un avait été jeté à l'eau après avoir reçu un coup de couteau dans le dos ; l'autre avait eu la gorge tranchée. L'un des auteurs de ces meurtres fut rapidement trouvé et exécuté. La commune entière fut punie. Une forte amende — 400.000 marks, je crois — lui fut imposée, les habitants n'eurent le droit de sortir que deux heures par jour, les perquisitions se multiplièrent ; les laissez-passez furent supprimés ; quarante otages furent emprisonnés, menacés d'être fusillés, quelques-uns envoyés dans un camp de représailles en Russie.

Tels étaient les agréments de l'occupation allemande.

Et la *Gazette de Cologne* qui s'étonnait de ne pas sentir les habitants vibrer d'amour pour l'envahisseur !

Vraiment, elle exagère !

CHAPITRE IV

Le Moral

CHAPITRE IV

Le Moral.

Il semblerait qu'un peuple tenu depuis plus de trois années sous un tel joug doive être affaissé, démoralisé, qu'on ne doive rencontrer dans les rues que des gens tristes, au visage décharné, aux yeux cerclés de noir, s'éloignant avec crainte de l'officier boche et ne s'abordant qu'avec méfiance.

Le croire, ce serait bien peu connaître le caractère français. Et c'est précisément la tenace résistance qu'ils rencontrent, et l'impossibilité qu'ils éprouvent d'asservir les volontés, qui font le perpétuel sujet d'étonnement et de colère des Allemands.

Ils avaient espéré voir la population à leurs pieds et tremblante ; ils auraient voulu qu'apeurée elle demandât grâce, qu'affamée elle suppliât pour avoir du pain ; ils avaient pensé l'éblouir par l'étalage de leur force et avaient cru qu'elle désespérerait de l'avenir de sa patrie. La force et la séduction avaient également échoué. Ils se heurtaient toujours à son mépris et à sa haine.

Ils la punissaient et elle riait. Ils cherchaient à la tromper et elle haussait les épaules. Ils l'humiliaient et elle se redressait frémissante de colère ou vibrante d'enthousiasme, davantage remplie d'amour pour son pays et d'horreur pour l'étranger.

Il est vrai, certes, que les visages sont amincis et plus pâles, que les fronts portent la trace des soucis et des inquiétudes de chaque jour. Mais le regard ne cesse de briller d'une grande espérance ; et si les lèvres n'ont plus le sourire doux et tranquille des gens heureux, elles ont gardé le sourire amer et moqueur de Français qui, malgré leurs souffrances, observent en silence et raillent toujours.

L'Allemand se butte et n'y comprend rien.

On lui avait dit que « la France était un pays dégénéré, sans foi et sans honneur, que le Français, préoccupé uniquement de jouir, avait perdu toute énergie et toute volonté » (1), et il trouve une population vibrante de foi et d'enthousiasme, ayant au suprême degré le sentiment du devoir et prête à tous les sacrifices pour l'honneur du pays.

(1) Aveu d'un aumônier militaire allemand.

Il en est déconcerté et après plus de trois années d'occupation il n'arrive pas encore à comprendre le caractère français.

Dès le début pourtant il en fit l'expérience. Il entrait victorieux, hautain et arrogant dans une ville qu'il venait de bombarder et d'incendier, il croyait voir la population effrayée, humble et soumise, et il sentait partout la sourde résistance et le mépris. Nul ne lui cédait le pas sur le trottoir ; on ne s'écartait pas pour le laisser passer ; on ne lui donnait pas les indications qu'il demandait ; on ne se levait pas dans les tramways pour lui laisser la place. Il s'étonnait de voir dans les rues des gens qui riaient encore, qui causaient avec animation, qui se félicitaient d'avoir échappé aux obus et à l'incendie ; il s'irritait du sourire qu'il voyait à ceux qu'il rencontrait.

Tout de suite il essaya la manière forte. Ses affiches portèrent toute une série de défenses, accompagnées de peines terribles. La population les lut et se mit à rire ; des loustics ne manquèrent pas d'y ajouter au crayon quelques défenses nouvelles et extraordinaires accompagnées de peines plus terribles encore. Il célébra la grandeur de ses victoires et afficha « 100.000 prisonniers français ; » le lendemain le premier chiffre avait presque partout disparu.

Furieux, il défendit *de rire en lisant les affiches*, et surtout de les annoter et de les détériorer.

Il veut bientôt non seulement la soumission, mais la collaboration à son œuvre de guerre par le travail volontaire, et il se heurte au refus formel de l'immense majorité du pays.

Il exige la déclaration des objets qui lui sont utiles pour continuer la guerre, et on s'empresse de les détruire et de les cacher.

Il essaye d'empoisonner par ses journaux l'esprit du peuple et de conduire peu à peu au découragement, et il rencontre des esprits prévenus qui ne croient plus à ses mensonges.

Il recherche tout au moins l'admiration pour sa puissance et espère en imposer par le prestige de sa force, et les habitants se moquent de lui.

Ils rient, eux, des balafres de l'officier, de son air important, de ses fortes moustaches sottement dressées vers le ciel. Ils s'arrêtent pour jouir du spectacle du soldat qui fait le pas de parade, les bras collés au corps, la tête tournée de côté, immobile, le regard fixé sur l'officier qui passe, les jambes raides qui se lèvent le plus haut possible et s'abaissent sans flexion, comme celles de polichinelles de bois dont on tirerait la ficelle.

Ils donnent des surnoms à ceux avec qui ils ont davantage maille à partir. C'est « Rikiki », le petit morveux qui fait des réquisitions ; le « Diable Vert », terrible gendarme à la casquette verte ; « Von Berdouille » — berdouille veut dire boue en patois du Nord — celui qui donne des amendes pour les trottoirs insuffisamment balayés ; « Caiffa » en qui ils ont cru reconnaître un ancien marchand de café ambulant. Et comme il est sévèrement interdit de prononcer les mots « boches » ou « barbares » ils parlent des « papins gris » ou des « paratonnerres » en souvenir du casque à pointe, aujourd'hui presque disparu.

Ils se moquent de la crédulité du soldat toujours persuadé que le jour de son entrée triomphale à Paris est bientôt arrivé. Ils lui rappellent que les premiers venus dans le pays, se croyant à quelques kilomètres de Paris, demandaient à tous où il fallait aller pour apercevoir la tour Eiffel. Ils lui expliquent que ses journaux le trompent en lui déclarant tous les jours depuis trois ans que la guerre sera terminée dans deux mois par l'écrasement de la France et la famine en Angleterre.

Naturellement l'enfant dans la rue n'est pas le dernier à se « payer la tête » du soldat. Il l'arrête par le bout de sa vareuse et lui demande poliment : « Pardon, monsieur, la route de Paris, S. V. P. », et vivement il se sauve pour éviter le coup de pied qui lui est aussitôt envoyé... dans le vide.

La guerre n'a pas rendu l'enfant morose ni taciturne. Il ne comprend pas grand'chose aux opérations militaires et le souci du lendemain ne l'effleure même pas. Qu'on lui donne un morceau de pain à manger et il ne s'occupe pas de savoir s'il a la couleur du charbon ou seulement celle de la poussière. Et quand il n'y a pas de pain à la maison, il joue pour oublier qu'il a faim.

Beaucoup de jeux nouveaux se sont d'ailleurs ajoutés à la série de ceux qu'il connaissait avant la guerre.

Ensemble ils jouent à la Kommandantur : l'un « fait » le « commandant », un autre, le « secrétaire » ; les autres viennent demander des laissez-passer, payer les amendes. Le secrétaire les envoie promener, le commandant leur donne de la prison. Le ton, les gestes, les petits ridicules de l'un ou l'autre personnage, tout y est.

Ou bien ils s'amusent au « diable vert ». C'est le gendarme brutal qui est en scène ; il veut forcer à travailler, il vient faire une perquisition, et il crie, il jure, il frappe. Cela finit généralement par une rossée magistrale donnée au bourreau par toutes les victimes, ce qui est plus d'une fois arrivé dans la réalité !

Si tout à coup un officier passe, tous aussitôt sont d'accord et font le pas de parade en éclatant de rire.

Cela ne rappelle-t-il pas les tableaux d'Hansi dans « *Mon Village* » ?

S'ils jouent au ballon et qu'un soldat traverse le jeu, on peut être sûr que comme par hasard le ballon plein de boue lui arrivera dans la figure. Il crie, il est furieux, mais personne ne sait qui a fait le coup ; c'est tout à fait par hasard que le malheur est arrivé ; tout se termine par un éclat de rire général.

Ils s'amusent à la guerre aussi, mais comme personne ne veut être boche, ils en sont réduits à ne former qu'une seule armée française qui défile bravement dans les rues, le soir après l'école. Ils ont un sabre de bois, un manche à balai comme fusil, une loque comme drapeau ; ils chantent toutes les chansons patriotiques de leur répertoire et défient du regard et du geste tous les Allemands qui passent.

C'en est trop cette fois ; le commandant s'émeut. Ces sentiments belliqueux qui se manifestent ouvertement, cette allure guerrière, ces clameurs en l'honneur de la France, de Jeanne la Lorraine, des trois couleurs, sont un danger manifeste pour la sécurité de l'armée allemande dans le pays. Les gendarmes sont envoyés pour mettre en fuite cette armée qui se reforme aussitôt dans une rue avoisinante, forcée de laisser aux mains de l'ennemi des prisonniers, bientôt évadés. Alors paraissent des affiches interdisant les jeux de ce genre, et rendant les parents responsables sous peine d'amende et de prison de la manifestation des sentiments belliqueux et patriotiques de leurs enfants.

A côté du jeu, il y a la ruse de guerre.

Aller chercher du bois que les Allemands se réservent dans une propriété qu'ils ont complètement saccagée et à l'entrée de laquelle ils ont inscrit : « Par ordre de la Kommandantur, défense absolue d'entrer » ; user pour y arriver de ruses de peaux-rouges ; lutter de vitesse avec le gendarme empêtré dans ses grosses bottes ; rapporter à la maison où il n'y a plus ni charbon ni coke un peu de bois pour se chauffer ; c'est un plaisir réservé aux plus hardis.

Grimper derrière les chariots qui paisiblement reviennent des champs chargés de légumes et qu'un soldat conduit au magasin allemand ; faire glisser prestement les choux, les carottes et les navets que deux compères reçoivent dans un sac ; se sauver aussitôt pour n'être pas pincés ; c'est là pour des enfants qui ont perpétuellement faim, un plaisir de roi.

Mais surtout attraper au vol un journal qui tombe d'un aéroplane, glisser entre les mains des soldats intéressés à la prise et acharnés à la poursuite, s'engouffrer dans une maison, la première venue, sauter les murs des jardins pour dépister les poursuivants, c'est une joie qui vaut bien le risque de la raclée qu'on attrapera si on est pris. C'est malheureusement une joie qui leur a été trop rarement donnée.

Les hommes de leur côté rongent leur frein en silence, évitent le plus possible tout contact avec l'Allemand, cherchant à passer inaperçus, craignant à tout moment de recevoir le billet fatal qui les appellera à la Kommandantur pour les forcer au travail pour l'ennemi. Les plus vieux se réunissent le soir, commentant les événements militaires ; et dans ces réunions où les médaillés de 70 ont surtout la parole, la stratégie du généralissime est discutée et les plans de bataille se succèdent, splendides dans leur simplicité.

Les industriels ruinés, dont les usines lamentablement vides menacent de s'effondrer, établissent avec toute l'attention d'une expérience consommée les plans de nouvelles usines modèles, et s'efforcent par tous les moyens de faire acheter de l'autre côté des lignes les matériaux qui leur permettront de reprendre le travail le plus rapidement possible après la délivrance.

Et les femmes dont le garde-manger est perpétuellement vide et qui toujours sont inquiètes du lendemain, ne peuvent se rencontrer sans se donner de nouvelles recettes de cuisine toujours merveilleuses ; tandis que les jeunes filles qui n'ont rien à se mettre sur le dos voudraient connaître les modes de Paris...

Ah ! certes, un peuple comme celui-là peut être occupé, pressuré, broyé, il ne peut être vaincu. L'Allemand le sent bien, et son poing de fer se fait tous les jours plus lourd. La vie devient plus pénible, et le peuple se dit : « S'ils sont en rage, c'est que cela va mal pour eux ; si tout allait bien, ils ne seraient pas si méchants. »

Aussi l'espérance toujours se maintenait et, après quatre longues années, l'amour de la patrie grandissait encore dans les âmes.

Sans doute les offensives ennemies de Mars et de Mai leur avaient porté un rude coup et causé de cruelles souffrances ; mais lorsque la magnifique offensive de Foch, se développant de plus en plus, débordait sur toute sa longueur la ligne Hindenbourg, la joie eût rayonné sans ombre sur les visages, s'il n'y avait eu chez tous l'affreuse inquiétude du lendemain, alors que se poursuivait la criminelle conduite de l'ennemi qui chassait de chez eux, traînait sur les routes, condamnait, au seuil de cet hiver, à vivre presque sans nourriture, sans toit et sans abri, les malheureux dont la ville ou le village n'était plus qu'un monceau de ruines.

Cependant au fond des cœurs brilla toujours l'espérance que peut-être l'ennemi hésiterait à détruire les foyers auxquels il s'était accroché depuis quatre ans, et chacun, suivant jour par jour les progrès de nos armées, appelait de toute son âme la victoire libératrice.

*
* *

L'exaltation des sentiments patriotiques dans les populations du pays occupé, et la persistance dans la confiance au succès final s'expliquent par bien des raisons.

D'abord par cette raison psychologique que je m'abstiendrai de développer ici, à savoir que l'amour s'intensifie avec la souffrance et qu'un être est d'autant plus aimé que l'on souffre davantage pour lui.

Ensuite par cette conviction profonde chez tous, que le soldat français est supérieur à tous les soldats du monde, et que l'Allemand qui n'a pas su en avoir raison dans le premier moment de désarroi causé par l'invasion, ne saura plus jamais le dominer, maintenant qu'il est prêt, organisé et que son armement est à la hauteur des circonstances.

Certes on est convaincu de la puissance de l'armée allemande, on touche du doigt son inflexible discipline, sa formidable organisation ; mais c'est justement ce déploiement de toute sa force qu'elle a pris plaisir à étaler lors de son entrée dans le pays qui a fortifié la confiance. Chacun tient en effet ce simple raisonnement. « Si cette kolossale machine n'a pu écraser du premier coup nos armées, si nos soldats l'ont forcée à reculer à la Marne, à stopper à Arras, à la Bassée, à Ypres, c'est donc que nos soldats, alors pauvrement armés mais toujours magnifiquement commandés, sont bien plus forts que le boche. »

D'où l'assurance ancrée au cœur de chacun : les Allemands n'iront ni à Calais, ni à Paris, ils seront battus.

Cela se disait couramment dans les maisons devant les soldats qui logeaient, et qui ne faisaient généralement aucune difficulté pour reconnaître la valeur du soldat français.

« Le premier soldat du monde, me dit un jour un officier, c'est l'Allemand — naturellement — mais le Français est un terrible soldat.

— Et l'Anglais ?

— L'Anglais est méchant ; et puis l'Anglais ne voudra jamais faire la paix avec l'Allemagne. Mais nous irons en Angleterre.

— Et l'Autrichien ? »

Il fit une moue dédaigneuse en haussant les épaules.

Les soldats ne croyaient pas encore au début de cette année à l'entrée des Américains dans la guerre. Leurs journaux leur en démontraient tous les jours l'impossibilité et leur assuraient au contraire que la déclaration de guerre de l'Amérique était un heureux événement, car l'Allemagne n'aurait plus à se gêner avec ses navires qui depuis le début de la guerre apportaient des munitions et du ravitaillement aux puissances de l'Entente. Les journaux allemands énuméraient complaisamment toutes les raisons qui rendaient impossible l'entrée en scène de l'armée américaine en Europe.

D'abord, disaient-ils, il n'y a pas d'armée, et une armée moderne ne se forme pas du jour au lendemain. Le Mexique occupera les volontaires. Il n'y a pas d'officiers, et l'officier ne s'improvise pas. Puis, étant supposée la création d'une armée, ils ne pourront jamais l'amener en Europe, car elle y doit vivre et se battre, ce qui suppose un énorme tonnage que l'Entente ne possède pas. D'ailleurs nos sous-marins veillent et sauront barrer la route.

Il n'était pas un soldat qui ne crût à l'infaillibilité de cette démonstration.

Ce qui augmentait encore la confiance, c'était le soin avec lequel l'ennemi recherchait tout ce qui pouvait servir à la guerre. Ses réquisitions mêmes prouvaient sa misère, car, en général, il ne prenait pas pour l'unique plaisir de prendre ; il prenait parce qu'il avait besoin. Le cuivre et autres métaux, le caoutchouc, le cuir, la laine, etc., manquaient certainement de plus en plus chez lui. On le sentait inquiet, désireux de finir

la guerre au plus tôt. Et chacun se disait : —
« Lorsque la paix sera signée, et que l'on
connaîtra la situation intérieure de l'Allemagne, on sera étonné de son dénûment. »

Depuis longtemps déjà les automobiles de
luxe et de plaisir des officiers avaient disparu. Alors qu'au début c'était un va et vient
incessant et joyeux d'autos qui roulaient
dans toutes les directions, en cette quatrième
année on n'en voyait presque plus. Seules
les autos strictement nécessaires au haut
commandement roulaient encore. Finies
pour les officiers au repos les randonnées
et les promenades : il fallait aller à
pied.

Les gros camions automobiles étaient
privés de leurs pneus et roulaient avec fracas
sur des bandages de fer, faisant tout trembler
sur leur passage.

Le matériel de chemin de fer était le plus
souvent lamentable, usé « jusqu'à la corde ».
Ils avaient dû faire sortir du fond de leurs
dépôts jusqu'à leurs derniers vieux wagons
démodés ; et il n'était pas rare de voir des
trains composés de wagons prussiens, bava-
rois, badois, quelquefois autrichiens, français et russes. C'était un amalgame de
choix.

****

Leur désir d'obtenir des vivres était, lui aussi, caractéristique et réjouissant. Ils faisaient tout pour obtenir de ceux qui, prévoyants, avaient depuis le début de la guerre fait quelques provisions pour les très mauvais jours, quelques kilogrammes de riz ou de haricots. C'était pour envoyer en Allemagne à leurs femmes et à leurs enfants.

Les officiers eux-mêmes parfois suppliaient ou menaçaient. Ils n'osaient pas prendre de force, car seule la Kommandantur avait le droit de réquisitionner, et jusqu'alors elle n'avait touché qu'avec une certaine hésitation aux petits approvisionnements particuliers de vivres qui venaient du comité de ravitaillement. Au moment de la déclaration de guerre de l'Amérique, il y eut une alerte : en bien des endroits elle consigna les dépôts des comités, mais cela n'eut guère de suite.

Les gendarmes employaient un autre moyen pour avoir des vivres. Dans leurs perquisitions, ils trouvaient naturellement quelques petits objets interdits, soumis à la déclaration. Ils se fâchaient, faisaient grand tapage, menaçaient d'amende et de prison ; puis, subitement, s'adoucissaient et proposaient une entente : ils ne diraient rien, mais on leur fournirait tant de kilogrammes de riz, de haricots ou de café.

Le comité qui connaissait toutes ces manigances avait édicté des peines sévères contre ceux qui se laisseraient aller à céder à qui que ce soit des vivres du ravitaillement. Il n'y avait d'ailleurs pas beaucoup à craindre de ce côté. Le patriotisme d'abord, et le manque de plus en plus accentué de vivres rendaient prudents dans leur dispensation les quelques rares privilégiés qui avaient encore de petites réserves en cave.

Ainsi l'habitant se rendait de plus en plus compte que l'usure des Allemands n'était pas un mythe. Quant à la Pologne, à l'Ukraine, à la Roumanie dont les journaux ne cessaient de vanter les inépuisables ressources, il lui semblait bien que là aussi les Allemands avaient subi une amère déconvenue.

Il y avait aussi les nouvelles de France. Toujours plus rares, plus difficiles à obtenir, elles arrivaient encore de temps en temps par les journaux et la correspondance privée, plus régulièrement par *la télégraphie sans fil.*

Les journaux parvenaient, on ne savait

comment ni à qui ; on se les passait avec précaution, on les lisait avec dévotion, on en savourait délicieusement les articles, vieux de plusieurs jours, parfois de plusieurs semaines.

Il faut dans les moments tragiques comme ceux que nous traversions, avoir été privés de toute nouvelle rassurante et encourageante, de toute page respirant l'enthousiasme et l'amour de la patrie, avoir été, au contraire, abreuvés de toute une littérature célébrant la gloire de l'ennemi et la ruine des siens, semant la calomnie, bavant sur tout ce que l'on a de plus cher, pour savoir la joie de tenir entre ses mains, de lire de ses yeux, une page qui apporte les nouvelles du pays.

On se les passait de mains en mains jusqu'à ce que, déchirés, déchiquetés, réduits à l'état de dentelle, ils tombassent d'eux-mêmes en poussière. On en reproduisait les principaux articles ; on s'abordait entre amis d'un air mystérieux et l'on disait : « Vous savez, j'ai vu l'*Echo de Paris*, le *Matin*, ça va bien pour nous. »

Malheureusement, la surveillance se faisait toujours plus étroite et les journaux plus rares, comme d'ailleurs devenait bien aléatoire aussi la correspondance clandestine.

Que de fois l'on s'est demandé en pays envahi pourquoi ces grands oiseaux amis qui tous les jours passaient au-dessus de nos têtes, ne laissaient pas tomber quelques milliers de journaux qui seraient venus apporter en même temps la joie et le réconfort?

La télégraphie sans fil, par bonheur, ne connaît ni frontières, ni tranchées, elle ne redoute que les perquisitions trop minutieuses.

Gloire à ceux qui, au péril de leur vie, malgré les recherches et les menaces, ont continué à recevoir les messages de Paris et de Londres, à en propager les nouvelles ! Ils ont puissamment contribué à maintenir le moral ; ils ont vraiment bien mérité de la Patrie. Il y en eut en Belgique, il y en eut en France, où la surveillance minutieuse et tracassière rendait de plus en plus périlleux leur dévouement.

Durant les premières années, il y eut dans la région du Nord un groupe de Français courageux qui résolurent de combattre l'influence des journaux édités par les Allemands et de soutenir le courage des populations et leur confiance dans l'issue de la lutte. Recevant les messages sans fil de France et d'Angleterre, découpant dans les journaux français qui leur arrivaient les plus beaux articles, ils imprimèrent une petite feuille qu'ils répandirent à profusion partout où elle pouvait arriver.

Un prêtre professeur à l'Institut technique de Roubaix, M. l'abbé Pinte, un professeur à la Faculté catholique de Lille, M. Willot, aidés par des collaborateurs hardis, discrets et dévoués, en étaient les organisateurs. Le journal s'appela d'abord *La Patience*, puis *La Voix de la Patrie*, puis *L'Oiseau de France*. Pendant deux ans il parut ainsi, défiant toutes les recherches. La police allemande était sur les dents. Bien des fois elle faillit trouver. Sûre de ses renseignements, elle perquisitionnait à l'improviste, cherchait les appareils, l'imprimerie, elle croyait mettre la main sur des coupables et ne trouvait que des innocents. Le journal cessait quelques jours, puis reparaissait sous un autre nom avec recommandation à la prudence et à la discrétion.

Mais tout a une fin. Après tant de luttes et de ruses, dénoncés par des femmes de mauvaise vie, — qui en ont dénoncé tant d'autres dans tout le territoire occupé, — les « oiseaux » furent pris et mis en cage ! Oh ! une terrible cage, sans air et sans lumière ! Ils ne furent sauvés de la peine capitale que par la superbe plaidoirie prononcée par M. Willot devant le conseil de guerre. Ils furent condamnés les uns à dix ans, les autres à cinq ans de forteresse.

La télégraphie sans fil cependant n'était pas morte pour cela. Avec audace, dans des maisons où logeaient plusieurs officiers allemands, dans des appartements contigus à ceux qu'occupait l'ennemi, j'ai vu des hommes et des jeunes gens attentifs aux dépêches de Paris et de Londres, j'ai assisté à la réception des dangereux messages. On avait un tel besoin de nouvelles que l'on faisait bon marché de sa liberté ou même de sa vie et que les risques courus du fait des perquisitions minutieuses et des allées et venues des officiers et soldats dans la maison ne comptaient pas.

Le petit journal n'a plus paru, mais les nouvelles se sont tout de même répandues. Quelques initiés en connaissaient l'auteur, les autres savaient seulement que la source était sûre ; et l'expérience bientôt affermissait leur confiance.

Pour discréditer ces nouvelles et en empêcher la diffusion, les Allemands, connaissant le goût du peuple pour les exagérations, lançaient eux-mêmes des bruits manifestement mensongers. Ils espéraient créer ainsi une atmosphère générale de défiance. Leur tentative n'aboutit pas.

Il est difficile de se rendre compte du bien que faisaient ces nouvelles sûres et détaillées, du réconfort qu'elles apportaient. Savoir le jour même d'une offensive qu'elle est déclanchée, en suivre jour par jour les progrès, connaître le chiffre de prisonniers et de canons pris, le savoir sans crainte d'être trompé par le communiqué français reproduit par les journaux allemands avec deux ou trois jours de retard ; savoir qu'une offensive allemande est arrêtée, alors que les journaux ennemis persistent à annoncer que l'avance continue ; savoir, malgré les dénégations ou le silence allemand, que les Américains débarquent en France en nombre considérable ; communier en un mot à la joie et à la confiance qui règnent dans le pays entier, c'est assez pour soutenir les courages et les énergies, même au milieu des pires calamités.

***

« Il faut rendre à César ce qui appartient à César. » Parmi les causes qui ont puissamment contribué au maintien du moral dans les régions envahies, il faut signaler l'attitude des autorités civiles et l'influence du clergé.

La situation de ceux qui ont assumé la charge de la direction des communes est, on le comprend aisément, particulièrement difficile en présence de l'occupation ennemie. Ils ont à la fois tous les soucis ; ils doivent répondre à tous les besoins des populations, les défendre contre les entreprises illégitimes de l'ennemi, et ils ont sans cesse « sur le dos » l'autorité militaire. Celle-ci agit le plus souvent à leur égard avec un dédain et un mépris blessants, qui exigent de leur part beaucoup d'énergie et de patience pour ne pas compromettre les intérêts qu'ils doivent défendre.

Tous les jours ils sont en rapports directs avec la Kommandantur, reçoivent les ordres de réquisition, de logements de troupes, d'appel au travail, de contributions de guerre supplémentaires. Ils doivent discerner, au milieu de tant d'ordres divers, ce que l'ennemi a le droit de réclamer, ce que la prudence conseille d'accorder, ce que le devoir ordonne de refuser. Ils savent à l'avance les conséquences de leurs actes et doivent cependant sans cesse entrer en lutte avec l'autorité ennemie. Quoique simples titulaires d'une fonction générale, ils sont

« personnellement » mis en cause et « personnellement » punis. Ils savent dans tel ou tel cas que leur attitude leur vaudra la prison ou l'exil ; ils couvrent parfois de leur responsabilité des actes passibles de la peine de mort. Ils sont à la merci d'un caprice du commandant de place, d'un moment de colère et de mauvaise humeur. Aussi bien peu ont-ils pu échapper aux punitions. Dans la région de Lille par exemple : les maires de Roubaix et d'Haubourdin sont envoyés dans les camps d'Allemagne ; le maire d'Hellemmes, condamné à la prison meurt en arrivant à la citadelle de Lille ; le maire de Tourcoing enfermé à la prison de Loos-lez-Lille est ensuite expédié en Allemagne ; le maire de Loos fait partie des otages envoyés en Lithuanie.

L'influence du clergé, qui pouvait se faire plus précise et descendre dans le détail, a été plus efficace encore.

Jouissant d'une autorité morale qui, en certaines régions surtout, est considérable, le prêtre entre dans les maisons, visite l'habitant chez lui, console les douleurs, relève les courages, rappelle à tous la grande loi du devoir. Il unit leurs souffrances à celles de ceux qui se battent là-bas sur les champs de bataille, met un peu plus d'espérance dans leurs cœurs, un peu plus de bleu dans le ciel de leur triste vie.

Sans cesse consulté pour indiquer le devoir, — qui fut bien souvent plus difficile à connaître qu'à accomplir, — il est appelé à donner des conseils délicats et pleins de risques. C'est ainsi qu'en 1916, lorsque les Allemands apposèrent sur les murs une affiche annonçant qu'il fallait, sous peines graves, leur déclarer et porter les cuivres et autres métaux, la population inquiète et divisée, ne sachant avec certitude où était le devoir, cherchait une ligne de conduite, un mot d'ordre qui éclairât sa conscience et ramenât l'unanimité. Un curé d'une grande ville du Nord (1) monta en chaire, le jour de l'Assomption, dans son église pleine de monde, et dit ces simples mots : « Mes frères, consulté de divers côtés afin de faire connaître le devoir dans les circonstances présentes, je veux vous donner nettement ma réponse : si l'on vient prendre de force chez vous vos cuivres et vos bronzes, vous n'êtes pas responsables et pas assez forts pour vous y opposer. Mais les déclarer et les porter vous-mêmes, cela, jamais. » Ce

____

(1) M. l'abbé Leclercq, doyen de l'église Saint-Christophe à Tourcoing.

fut comme une traînée de poudre, l'unanimité fut absolue. Il n'y eut jamais ni déclaration, ni apport d'aucune sorte. L'ennemi
renonça même pendant un an à la réquisition
dans les maisons particulières ; mais le curé
fut condamné à dix ans de forteresse.

Soucieux de l'honneur des familles, le
prêtre rappelle sans cesse les dangers d'une
occupation si prolongée ; inquiet de l'avenir,
il s'occupe particulièrement de l'enfant,
davantage laissé à lui-même dans les familles
où l'autorité paternelle fait défaut depuis des
années ; il soutient le courage des malheureux jeunes gens qui, dans leur lutte hé-
roïque contre l'ennemi qui veut leur imposer
le travail contre la Patrie, sont le plus
souvent indignement brutalisés et lâchement
frappés.

Les Allemands connaissent bien son action
et son influence ; ils le soupçonnent aussi
d'être cause de la fuite de nombreux mobi-
lisables par la Belgique et la Hollande. Ils
essaient de l'intimider en affichant que
« *les prêtres qui useront de leur influence
pour détourner du travail seront internés
en Allemagne jusqu'à la fin de la guerre* ».
Ils cherchent à le prendre en défaut, ils
l'observent et l'épient partout : à l'église où
ils écoutent les sermons, dans les maisons

particulières où ils s'efforcent de savoir ce qu'il a dit.

Ils ne lui ménagent pas les punitions.

En 1914 à Haubourdin, le doyen, qui a quatre-vingts ans, est appelé à la Kommandantur. La population refusait de confectionner des sacs à ciment pour les tranchées. Le commandant veut en rendre responsable le doyen. Celui-ci proteste : « Je ne suis pas responsable, dit-il, de l'ordre dans la commune, je m'occupe des intérêts religieux des populations. — Je le sais, reprend le commandant, mais je sais aussi qu'un mot de vous suffirait à faire obéir les populations. Mettez donc, Monsieur le Doyen, sur la porte de votre église un petit mot invitant les populations à travailler et leur disant que c'est leur devoir de m'obéir et je suis bien certain que le travail sera fait. » Le doyen refusa : il fut mis en prison et, le lendemain, son vicaire, qui refusait d'user de son influence pour décider des jeunes filles travaillant dans un ouvroir tenu par des religieuses à faire les sacs demandés, fut déporté pendant six mois dans une ville éloignée.

A Lille, Roubaix, Tourcoing, les curés sont condamnés à 200 marks d'amende ou vingt jours de prison pour avoir refusé de donner eux-mêmes à l'ennemi le nombre et le poids de leurs cloches. Ils refusent de payer l'amende et sont enfermés les uns après les autres dans des salles communes où pendant vingt jours, ils doivent vivre dans une ignoble promiscuité avec des hommes et des femmes dont la grossièreté de langage et de tenue les faisait bien plus souffrir que l'affreuse et insuffisante nourriture qu'on leur donnait.

Le Curé d'Hellemmes-Lille est condamné à trois mois de prison avec le maire de la commune au moment de la réquisition des cuivres. On leur demande à tous deux, afin que leurs actes servent d'exemple à une population récalcitrante, de déclarer les cuivres qu'ils possèdent. Ils refusent disant qu'ils ne possèdent pas d'objets soumis à la déclaration. On leur demande alors d'envoyer une lettre disant que, s'ils ne font pas la déclaration demandée, c'est parce qu'ils ne possèdent pas d'objets qui y soient soumis. Ils refusent encore... Trois mois de prison. Le maire déjà âgé meurt entre les bras de son curé en arrivant à la citadelle de Lille. Le curé est transporté alors seul à la prison cellulaire de Loos-lez-Lille où il passe ses trois mois dans un isolement complet, sans livres, sans papier, sans crayon, recevant comme nourriture une gamelle de soupe — oh ! quelle soupe — et un morceau de pain noir ; comme boisson un demi-litre d'eau bouillante noire appelée café ; soumis à mille vexations et humiliations.

Sous l'impulsion de Mgr Charost, des prêtres, dans la crainte de voir les jeunes gens de leurs paroisses déportés en Allemagne ou dans les camps de discipline sans préparation et sans cohésion, décident de les unir en une vaste association, afin qu'ils puissent se reconnaître et s'entr'aider. Ils leur donnent un signe de ralliement — pas séditieux — le port d'un bouton blanc à la boutonnière, les instruisent de leurs devoirs, leur donnent tous les conseils d'hygiène physique et morale, leur indiquent même ce qu'ils pourraient emporter sur eux, dans leurs portefeuilles, dans leurs sacs. Cela ne se fait pas sans réunions un peu extraordinaires, car l'union est large et groupe tous les jeunes gens chrétiens et sérieux, quelle que soit leur situation. Des brochures paraissent en secret qui rappelleront au jeune homme exilé dans le camp sa famille, son clocher, ses engagements personnels.

La police allemande s'émeut : elle a trouvé des brochures, elle a entendu parler de ces réunions. Elle voit aussitôt dans cette paisible union un danger sérieux pour l'armée d'occupation ; elle voudrait en trouver les inspirateurs. Elle cherche, elle fouille, elle interroge. Les jeunes gens ne parlent pas, les brochures ne sont pas signées. De ci de là cependant, elle met la main sur des prêtres coupables. Et chacun de ceux-ci prend aussitôt toute la responsabilité de ses actes. Il n'a fait que son devoir, il est chargé de la direction morale des jeunes gens dans sa paroisse, il a voulu les préserver des dangers d'un internement prolongé. « Mais qui lui a donné l'ordre de le faire ? — Sa conscience de prêtre. — Pourquoi les autres prêtres ont-ils fait des réunions et des brochures semblables ? — Parce qu'ils ont les mêmes soucis et les mêmes charges que lui. »

Après deux heures d'interrogatoire serré, le policier se rend compte qu'il se heurte à un mur dans lequel aucune porte ne s'ouvrira, et il s'écrie plein de dépit : « Je vais vous dire, Monsieur, un sentiment qui m'est personnel : Je n'aime pas le clergé.

— Pourquoi ?

— *Parce que le clergé nous a fait beaucoup de mal pendant cette guerre en Belgique et en France.* »

Conclusion : « 200 marks d'amende ou quarante jours de prison pour avoir fait des réunions illicites et publié une brochure sans passer par la censure. » — « 50 marks d'amende au curé pour avoir autorisé son vicaire à faire ces réunions. »

S. G. Mgr Charost, dont une plume plus autorisée que la mienne dira, je l'espère, la courageuse attitude et l'inoubliable prestige, encourageait et soutenait les prêtres qui défendaient devant l'ennemi la liberté de leur propre ministère sacerdotal, les droits de la morale et le respect des populations. Lui-même payait de sa personne et prenait toutes ses responsabilités, envoyant à ses curés des lettres pastorales fières et vibrantes de patriotisme pour lesquelles il était traduit en conseil de guerre, protestant hautement contre les odieux enlèvements et les mesures de violence de l'envahisseur, usant de tout son prestige et de toute son influence morale en faveur des condamnés.

L'Allemand n'aime pas le clergé dont l'influence sur les populations contrarie l'action qu'il voudrait avoir. Il cherche donc à s'en débarrasser. Lorsque, au début de janvier de cette année 1918, le gouvernement allemand envoya des otages dans un camp de représailles en Russie, il prit quarante et un prêtres, archiprêtre, chanoines, doyens, curés, vicaires. Plusieurs étaient très âgés ;

l'un d'eux même avait soixante-quinze ans et était presque impotent. Je ne puis décrire ici les souffrances inimaginables de cette réclusion, le honteux réduit dans lequel furent parqués tous ces otages, l'affreuse paillasse pleine de vermine, l'odieuse soupe quotidienne. Nulle distinction entre les prêtres et les laïques, entre les vieillards et les jeunes gens. Pas de chapelle, pas d'autel. Pendant plus de deux mois, aucun prêtre ne put dire la messe. Quelques-uns seulement, qui avaient le rare privilège de jouir dans le réduit d'une place où arrivait avec difficulté un peu de lumière, pouvaient réciter leur bréviaire. Les autres, pour le faire, vivant dans une continuelle obscurité, essayaient de braver les cruelles morsures du vent glacé de la plaine russe, mais vaincus par le froid devaient rentrer bientôt et retourner s'asseoir dans l'obscurité sur leur paillasse humide.

La situation ne s'améliora pour tous que deux jours avant la visite d'une commission espagnole.

Ce ne sont là que quelques exemples ; ils suffisent à nous montrer que les autorités civiles et ecclésiastiques, les riches et les pauvres unis dans une commune souffrance sous une domination barbare, étaient animés des mêmes sentiments de haine contre l'étranger et d'amour pour la Patrie.

*
**

Dans le train qui l'emporte, le front collé à la vitre du compartiment, le regard ardemment fixé sur le paysage qui fuit devant lui, l'évacué, les larmes aux yeux, songe à la France.

Libre enfin ! Il ne peut encore le croire. Elle est donc finie cette horrible sujétion de tous les jours, finies la misère et la crainte du lendemain, finies les humiliations répétées. Il ne verra plus l'uniforme détesté couleur de la poussière, le casque à pointe ou le chaudron renversé sur la tête, le drapeau blessant qui, avec ses trois couleurs de mort, lui semblait une horrible parodie du sien, si glorieux et si joyeux. Il n'entendra plus les fifres et les tambours plats qui résonnent comme des casseroles. Il ne sera plus l'esclave méprisé qu'on faisait marcher à coups de crosse, il n'aura plus faim.

Dans quelques instants il foulera le sol de la France, il sera chez lui, libre, fier et heureux dans cette terre promise à laquelle il rêve depuis quatre ans, dans sa patrie enfin qu'il aime tant et pour laquelle il a tant souffert. Car c'est pour elle qu'il a lutté pied à pied et jour par jour contre l'envahisseur, défendant son sol, son bien, ses souvenirs, tout le patrimoine de ses aïeux, défendant aussi son intelligence, son éducation, sa race. C'est pour elle qu'il a été emprisonné, qu'il a été frappé. Pour elle qu'il faisait des rêves de gloire, qu'il se consolait de sa douleur et de sa misère en pensant aux sacrifices de ses fils sur le champ de bataille. Avec elle il vibrait d'enthousiasme dans les offensives victorieuses, ou il tremblait devant les entreprises de l'ennemi. C'est à ses soldats et à ses officiers qu'il comparait les soldats et les officiers boches en disant : « Les nôtres n'agiraient pas ainsi, ils ne sont pas de la même race. » C'est à elle qu'il a tout sacrifié : maison, mobilier, souvenirs personnels et souvenirs de famille, pour venir la revoir et terminer son cauchemar.

La France, il n'en parlait là-bas que les larmes aux yeux ; jamais, avant la guerre, il n'avait pensé qu'elle tenait une telle place dans son cœur. Il avait fallu qu'il souffrît, écrasé sous le poing de l'ennemi, pour qu'il s'en aperçût.

Après un voyage long et pénible, traîné à travers la Belgique et l'Allemagne dans des wagons à bestiaux, il va enfin arriver. Déjà dans cette Suisse libre qu'il a traversée on lui a fait un accueil enthousiaste. Il a entendu sur tout le parcours les acclamations mêlant le nom chéri de la France au nom de la Suisse. Et il a crié lui aussi sa reconnaissance et sa joie. On lui a distribué des fleurs et des petits drapeaux, on lui a donné à manger et à boire avec le sourire de gens heureux de faire des heureux. Il a l'impression de renaître, de vivre d'une autre vie ; tout cela le transporte dans un autre monde, un monde qu'il ne connaît plus depuis des années.

Qu'il est doux de retrouver la France, la vraie France, après tant de misères ; c'est bien ainsi qu'il avait rêvé de la revoir, enthousiaste, accueillante, bonne pour ceux qui ont souffert pour elle. Et cependant il n'a encore vu que quelques-uns de ses fils et de ses amis sur un sol étranger ; que sera-ce donc quand il la verra elle-même ?

Il est heureux maintenant. Il ne l'a pas dit à ses compagnons de voyage, mais il avait au fond du cœur quelque appréhension. Par des lettres qui lui étaient arrivées là-bas en cachette de l'ennemi, il avait cru comprendre qu'il y avait de l'autre côté des lignes comme deux Frances : l'une qui se battait héroïque-ment, versant sans compter son sang pour la défense du sol, l'autre à l'arrière, qui pensait surtout à jouir, gagner de l'argent, s'amuser. Il avait eu peine à le croire vraiment. Il lui semblait impossible qu'il pût y avoir une telle distance entre les âmes dans une même famille : les unes qui supportaient héroïquement, tragiquement le joug de l'étranger barbare, ou allaient avec calme et sang-froid au devant de l'ennemi ; les autres, qui cherchaient avant tout leur plaisir et s'abstenaient même de penser à la douleur d'autrui.

Quoiqu'il en eût été si longtemps privé, il comprenait, certes, que l'on usât, puisqu'on les avait, des facilités de la vie ; mais dans le deuil qui accablait depuis des années la famille française tout entière, il ne pouvait croire à l'indécence possible de l'abus du luxe, de la richesse et du plaisir. Dans une famille en deuil les plus cruellement frappés pleurent et les autres gardent devant cette douleur une contenance recueillie.

Certainement il avait mal compris ce que semblaient lui dire ces lettres, il s'était trompé, il le voyait bien maintenant ; puisqu'aux portes de son pays déjà, on montrait par la délicate sollicitude avec laquelle on les accueillait, lui et ses compagnons, qu'on comprenait leurs souffrances, qu'on admirait leur courage, que la famille s'ouvrait avec affection pour recevoir ses membres endoloris.

Le train vient de s'arrêter à une petite station, la première sur le sol de France, et aussitôt les notes claires des clairons montent dans le calme de la campagne, saluant leur arrivée, leur présentant le drapeau de la France.

Quelle délicate attention que cette présentation du drapeau au premier instant de leur entrée dans la patrie ; c'est la France qui les accueille, qui leur sourit, qui leur tend les mains aux premiers pas que font vers elle ses enfants meurtris. Et lui, aux premières notes, il s'est dressé, penché à la portière, il agite son chapeau, ses compagnons pressés contre lui. Tous veulent voir le drapeau, le saluer au passage, répondre de toute leur âme aux accents vibrants des clairons. Mais les gorges sont serrées, les larmes coulent de tous les yeux, ils agitent les chapeaux et les mouchoirs et ne savent pas parler. Le train siffle et s'ébranle à nouveau, le drapeau bientôt va disparaître ; alors, tous ensemble, ils poussent un grand cri qui domine le bruit des clairons : « Vive la France ! »

Heureux de cette joie que seuls peuvent comprendre ceux qui ont été longtemps séparés avec une brutalité sauvage de leur patrie, l'évacué regarde avec attendrissement le sol du pays. Tout lui semble aimable et charmant : les moissons sont bien dorées, l'herbe bien verte, les arbres touffus et élégants, les maisons riantes. Il agite son mouchoir, jette aux habitants qu'il dépasse rapidement sa joie et son bonheur, et ils lui répondent gentiment avec un sourire.

Depuis deux heures il déambule au hasard dans les rues d'Evian, et déjà son enthousiasme diminue. On le regarde passer avec indifférence, on accueille ses récits avec un petit sourire indulgent et un peu sceptique. Le malheureux! il ne sait pas encore que son histoire a été cent fois répétée, parce qu'elle est la même pour tous, et il oublie que bien souvent le récit des souffrances d'autrui trouble la quiétude de ceux qui sont tranquilles.

Il croyait être accueilli comme un enfant de la maison, et il se sent un étranger dans cette ville de France. Elle a vu sans doute trop de misères semblables à la sienne pour s'émouvoir encore, elle est blasée, et déjà il désire la quitter, pénétrer plus profondément au cœur du pays. Il y trouvera sûrement des âmes sœurs qui le comprendront et l'aideront dans la vie, car il est âgé déjà, vieilli plus qu'on ne l'est ordinairement à son âge, et il n'a plus rien à lui qu'un petit bagage et peu d'argent.

Il part avec un convoi dans une région qui lui est inconnue, là-bas bien loin, et il y trouve parfois, — oh ! pas toujours certes, — des visages fermés, presque hostiles. Que vient donc faire cet homme qui n'a plus rien dans cette région qui n'est déjà pas trop riche ? Il est gênant et encombrant ; on n'aime pas les pauvres généralement, mais un homme sans ressources et sans foyer, qui vient ainsi s'installer chez les autres, c'est pire encore. Pourquoi n'est-il pas resté par là ? Il veut sans doute vivre maintenant sans travailler aux frais du gouvernement.

Et lui qui a été chassé de sa maison, qui a volontairement souffert pour sa patrie en ne voulant pas se prêter aux exigences de l'ennemi, qui a tout perdu dans cette guerre, tout, sauf son honneur, qu'il a toujours maintenu bien haut au péril même de sa vie, il est en butte à l'hostilité de ceux qui l'entourent ? N'a-t-il pas même parfois surpris sur des lèvres méprisantes, la suprême injure, que peut-être il n'avait pas fait trop mauvais ménage avec les Boches.

Il a pleuré alors, de tristesse cette fois, regrettant sa petite patrie, et songeant à ceux qui, plus heureux que lui parce que mieux compris, étaient demeurés là-bas écrasés sous le joug de fer de l'ennemi.

Quelques semaines ont passé et lentement l'évacué s'est redressé. Il a compris que ces âmes égoïstes et fermées, dont l'horizon semblait se borner à elles-mêmes, ne pouvaient savoir comme lui ce qu'était la patrie, ne l'aimeraient jamais comme lui. Elles n'avaient pas assez souffert pour elle. Il a compris qu'elles n'étaient qu'une faible minorité et qu'elles ne représentaient pas la France.

Il vécut alors en esprit au milieu de nos glorieux soldats, les suivant dans la tranchée et sur le champ de bataille, appréciant leurs efforts, comprenant leurs difficultés. Il les unit de cœur à tous ceux que l'épreuve avait, comme lui, cruellement touchés durant ces longues années, à tous ceux dont l'âme débordante de charité s'était penchée avec compassion sur des misères semblables à la sienne, il sut retrouver au milieu d'eux l'âme véritable de la France, et leur ardeur et leur enthousiasme retentirent en son âme en échos profonds et joyeux.

DEUXIÈME PARTIE

—

LE TRAVAIL

CHAPITRE PREMIER

La Tolérance

CHAPITRE PREMIER

La Tolérance.

Lorsque les Allemands arrivèrent en 1914 dans un pays effrayé par tous les récits qui avaient été faits des atrocités commises en Belgique, ils se montrèrent tout de suite soucieux de trouver de la main-d'œuvre et l'obtenir de la population qu'elle voulût bien leur fournir un certain travail. Leurs exigences n'étaient pas très grandes. Ils demandaient aux femmes d'accomplir un certain nombre de travaux, relevant surtout de la Croix-Rouge, comme ourler des draps pour les blessés dans les hôpitaux, confectionner de petits sacs que les soldats devaient se suspendre au cou. Ils fournissaient toutes les marchandises nécessaires et payaient la main-d'œuvre. Par intimidation, menaces et persuasion, ils trouvèrent de ci de là un certain nombre d'ouvrières.

Ce n'était qu'un début. Insensiblement,

le travail se modifia. On vit avec inquiétud
les petits sacs changer de forme et d
dimension, et on soupçonna aussitôt qu
l'ennemi devait en tirer un tout autre part
Les petits sacs étaient, en effet, devenu
des sacs à ciment destinés aux tranchées.

Dès qu'ils le surent, tous ceux qui avaier
accepté le travail, conseillés et encouragé
par les autorités civiles, le refusèrent.

Furieux, les Allemands, qui n'étaient pa
habitués à la désobéissance ni disposés
l'accepter, voulurent imposer le travail d
force. Ils rendirent responsables les munici
palités et personnellement les maires de l
cessation du travail, ils réclamèrent de
ouvriers et des ouvrières, déclarant qu'il
avaient le droit de demander aux habitant
le travail dont ils avaient besoin.

Les maires répondirent que ces travau
étant directement des travaux de guerre, il
ne pouvaient demander aux populations d
les accomplir.

Les Allemands s'adressèrent à la popu
lation elle-même, portèrent à domicile l
toile, disant le jour où ils viendraient cher
cher les sacs confectionnés. Quand ils reve
naient, le travail n'était pas fait.

Ils avaient cru agir avec habileté e
trompant les habitants ; ils avaient réussi

éveiller la méfiance ; et personne, dès lors, n'était plus disposé à accepter un travail, quel qu'il fût. Aussi, quand ils voulurent ouvrir les usines et faire travailler les matières premières restées sur place, en stocks immenses, dans les magasins, les industriels refusèrent d'en prendre la direction, les ouvriers ne voulurent pas se présenter.

L'autorité militaire habituée à voir tout plier devant elle, et qui commandait en maîtresse absolue les populations soumises de toute l'Allemagne, voulut briser par la force cette résistance inattendue. Les punitions commencèrent.

Les communes furent frappées d'amendes plus ou moins fortes selon leur importance. Des maires furent emprisonnés ou envoyés en Allemagne. Des membres du clergé, ayant refusé d'user de leur influence pour obtenir l'obéissance aux ordres allemands, furent jetés en prison ou déportés.

Les populations furent molestées de mille manières et commencèrent à connaître les restrictions dans les heures de circulation.

Des otages furent pris, enfermés et soumis à toutes sortes de vexations.

Certains industriels furent enlevés brutalement dans la rue, et expédiés en Allemagne « tels qu'ils étaient », sans même avoir le temps de faire leurs adieux à leur famille

Des ouvrières réfractaires furent enfermée
dans des salles de travail, ayant devant elle
la toile pour confectionner les sacs, injuriée
maltraitées par des soldats brutaux qui, l
jour, les empêchaient de causer, la nuit, le
empêchaient de dormir, découvrant san
cesse des moyens nouveaux et perfectionné
de les faire souffrir.

Surprise par ce premier déploiement gé
néral de rigueur, la population cependan
tint bon ; et les Allemands durent s'avoue
vaincus. Ce n'était pas pour longtemps
mais l'heure n'était pas encore venue de
grandes violences. Ils avaient fait une expé
rience dont la leçon ne serait pas perdue.

Ils masquèrent leur défaite en feignant d
se montrer satisfaits par le petit nombr
d'ouvriers volontaires qu'ils avaient obtenus
En même temps qu'ils demandaient à l
population les premiers travaux pour l
Croix-Rouge, ils appelaient à eux de
ouvriers qui, pour un salaire de cinq à si
francs par jour, consentaient à faire tous le
travaux qu'ils leur indiqueraient. Ils en trou
vèrent un certain nombre, hommes e
femmes, à qui ils firent faire, suivant leu
sexe, soit des tranchées, soit des sacs, soi
des haies artificielles, qui devaient proba

blement servir à camoufler leurs positions.

Méprisables à tous points de vue, ces travailleurs volontaires, qui se recrutaient dans les villes et les faubourgs, étaient la lie interlope de la population. A leur retour du travail, le soir, les habitants les insultaient, les traitaient de « *fainéants, qui, avant la guerre ne voulaient jamais rien faire et maintenant étaient empressés à servir les Boches* ». Des rixes s'en suivirent ; des plaintes furent déposées aux Kommandanturs par ces tristes personnages. Des affiches parurent : on menaçait d'amende et de prison. Les autorités militaires prenaient sous leur protection « *ces travailleurs qui seuls comprenaient leur devoir et voulaient gagner leur vie par leur travail* ».

De ci de là on sévit. Un homme qui avait menacé d'une arme quelques-uns de ces travailleurs, fut fusillé.

Chacun se le tint pour dit et se montra prudent.

Les amendes payées, certaines personnalités frappées, les punitions infligées aux communes terminées, tout rentra dans un calme relatif. L'autorité militaire n'exigea plus le travail. Ce fut une période de demi-tolérance. La Kommandantur fit confectionner ses sacs ailleurs, enleva dans les usines et les maisons de commerce tous les stocks de marchandises brutes ou travaillées et expédia le tout en Allemagne. Elle utilisa les volontaires qui s'étaient librement offerts et les adjoignit à ses travailleurs.

En ce temps-là, en 1915, c'était encore le bon temps, le temps où elle ne manquait pas d'hommes. Elle avait des travailleurs de deux sortes : des soldats, vieux territoriaux qui n'étaient si près du front que pour construire rapidement des lignes de défense, et des civils.

Ceux-ci, c'était tout un poème ! On les vit arriver dans nos localités, formés en compagnies, sinistres individus, laids à faire peur, petits, crochus, borgnes ou louches, échappés de quelque bagne ou de quelque prison cellulaire ; ils s'en allaient le soir creuser des tranchées et s'en revenaient le lendemain dans la matinée. Ils faisaient la joie des enfants qui couraient pour les voir passer. On eût dit Barnum exhibant ses monstruosités, une cour des miracles mobilisée !

Les mois succédaient aux mois, et le front de plus en plus étendu exigeait toujours plus d'hommes. Les compagnies de civils un jour disparurent et l'on vit avec étonnement reparaître, plusieurs mois après, quelques-uns de ces êtres saugrenus, disséminés de ci de là dans les régiments avec un uniforme sur le dos. Et ils en étaient plus drôles encore.

Les temps, décidément, devenaient plus durs !

CHAPITRE II

Les Enlèvements

CHAPITRE II

Les enlèvements.

Le moment des grandes rigueurs approchait pour les populations.

Dans les premiers mois de 1916, les affiches se multiplient demandant des ouvriers. Par la faute des Anglais, disaient-elles, — ces maudits Anglais ! — le ravitaillement des villes et des populeux faubourgs est devenu presque impossible, la misère est grande, les épidémies à craindre. Par égard pour la population, par souci de sa santé et de sa subsistance, l'autorité militaire offre aux familles qui le désirent de les transporter à « *la campagne* » où l'air est plus sain et la subsistance plus assurée. Elles seraient employées au travail des champs, loin du front.

C'était vraiment gentil, trop gentil même. Les habitants se méfièrent de si bonnes intentions : et comme ils savaient à coup sûr que toutes les récoltes sans exception, seraient enlevées par les Allemands, ainsi qu'ils le firent dès le début; comme ils savaient de plus qu'une fois entre leurs mains, ils ne pourraient plus s'en retirer et seraient obligés de faire tout ce que l'ennemi voudrait, ils ne répondirent pas davantage à ses aimables avances.

Cette fois, le Boche se fâcha. Toutes ses affiches, toutes ses ruses lui avaient fait trouver depuis plus d'un an dans la région du Nord quatorze ouvriers. Il lui en fallait des milliers.

Puisqu'on ne voulait pas de bon gré, il prendrait de force.

Sans autre avertissement, des enlèvements commencèrent au hasard des rencontres, dans les rues, les tramways, les places publiques. Le garçon de magasin qui faisait des courses, le grand collégien qui s'en allait à l'école libre ou au lycée sa casquette sur la la tête, sa serviette sous le bras, l'employé de bureau qui par habitude allait à l'usine, l'ouvrier qui paraissait inoccupé, étaient brusquement arrêtés par un soldat qui leur ordonnait de le suivre. Ils étaient conduits dans une grande salle d'usine, un grand bâtiment quelconque à la disposition des Allemands ; on prenait leurs noms, leurs adresses et on les laissait là. Ils trouvaient autour d'eux d'autres compagnons arrêtés de la même manière.

Les parents pleins d'inquiétude les avaient d'abord vainement attendus ; puis un soldat était venu les prévenir que leurs fils étaient arrêtés, qu'ils allaient partir, et qu'il fallait préparer leurs paquets. Partir où ? pour combien de temps ? Ils ne le savaient pas, et d'ailleurs ils n'avaient pas à le savoir.

Affolée, la pauvre mère avait couru pour voir son fils, l'embrasser, le leur arracher si c'était possible ; elle n'avait même pu le voir. Le père avait été sans succès à la Kommandantur ; et maintenant en pleurant on préparait le paquet de l'enfant qui partait.

Et lui, le jeune homme, sachant enfin ce qu'on lui voulait, avait pris vaillamment son parti.

Le jour du départ, rangé avec ses compagnons sur la place publique il disait adieu à ses parents, ferme, sans une larme. « Ne pleurez pas, leur disait-il, s'ils nous enlèvent, c'est que les nôtres vont enfin arriver... Pour ceux qui sont dans les tranchées, n'est-ce pas plus terrible encore... Et puis, voyez-vous, pour nous comme pour eux, c'est pour la France. »

L'ordre arrivait de se mettre en route, la colonne se formait. La mère s'approchait de

lui, redisait encore ses dernières recomman-
dations : « Dis, tu n'oublieras pas ce que
nous t'avons toujours enseigné. Tu reviendras comme tu es parti.

— Oui, oui, va, sois tranquille. »

Le soldat arrivait, écartant brutalement
cette femme qui pleurait, et fièrement, les
jeunes gens, les hommes partaient dans un
geste d'adieu, en chantant la *Marseillaise*.

*
* *

C'était trop peu encore, il fallait des
milliers de bras. Les Allemands décidèrent
l'enlèvement en masse et choisirent la
semaine sainte pour leur honteuse opération.

Ils prévinrent par affiches la population
d'avoir à se tenir prête à une évacuation
éventuelle ; puis sentant eux-mêmes tout
l'odieux de la lâche besogne à laquelle ils
allaient se livrer, craignant peut-être un
soulèvement de la part de cette malheureuse
population composée pourtant surtout de
vieillards, de femmes et d'enfants, ils firent
venir des troupes de renfort ; et, brutalement, la nuit, quartier par quartier, des
soldats, baïonnette au canon, pénétrèrent
dans les maisons.

Il n'était plus question d'enlever des

familles entières pour les transporter à la campagne, mais il s'agissait de disloquer les foyers, d'emmener pêle-mêle, selon le le caprice de l'officier, commandant la patrouille, jeunes gens et jeunes filles.

Des mitrailleuses étaient braquées dans la rue à chaque extrémité. Tous les habitants des maisons devaient se lever et l'officier faisait son choix. Il examinait en connaisseur, comme au marché ou à la foire. Chacun angoissé se demandait sur qui le choix allait se porter. La mère tremblait et pleurait, pauvre femme, quelle agonie !

« Je prends ce jeune homme, disait la voix hautaine et cassante, je prends aussi cette jeune fille.

— Oh ! Monsieur, je vous en supplie, s'écriait la mère, pas ma jeune fille.

— Si, j'en ai besoin.

— Prenez plutôt mon autre jeune homme qui est là, mais laissez-moi ma jeune fille. Elle n'est jamais sortie de chez moi. C'est affreux. »

Et la pauvre femme sanglotait, tombait à genoux.

« Non, non, j'ai besoin de la jeune fille. Dans une demi-heure il faut qu'ils soient prêts tous les deux ; je passerai les prendre. »

Il tournait le dos et sortait, entrant dans

les maisons voisines pour prononcer, avec le même mépris, des mots semblables qui devaient y jeter pareille douleur, égal désespoir.

Ah ! qui n'a pas vécu ces heures tragiques, qui n'a pas entendu le sanglot des mères, qui n'a pas vu la lueur du désespoir dans le regard des pères, ne saura jamais tout ce que peut réserver d'atroce souffrance l'occupation étrangère.

Et que dire de l'affreuse angoisse de ceux qui se demandaient chaque nuit si l'heure de la fatale visite n'avait pas sonné !

Jeunes gens et jeunes filles appartenant à toutes les classes de la société furent ensuite parqués pêle-mêle dans des églises ou des écoles, sans aucun souci des protestations indignées qui s'élevaient de toutes parts des bouches les plus autorisées, au mépris des lois les plus élémentaires de la morale.

Puis, après avoir été promenés à travers la ville comme des bêtes que l'on montre, ils partirent vers des destinations inconnues, dans des wagons à bestiaux, s'efforçant d'être gais malgré tout, avec, toujours, la *Marseillaise* sur les lèvres.

Pendant des mois les parents ne surent ce qu'étaient devenus les exilés !

Et cela faisait songer irrésistiblement aux

guerres antiques, à l'enlèvement des Sabines, aux peuples réduits en esclavage.

Cela nous reportait à plus de vingt siècles en arrière. Beautés de la Kultur !

L'Allemand était fier de son succès. La *Gazette de Cologne* réclamait cependant, trouvant qu'on y mettait encore trop de formes. Les Français récalcitrants allaient enfin savoir ce qu'était la force allemande !

Beaucoup de ces jeunes gens furent menés dans les Ardennes où les habitants les reçurent à coups de pierre et les accablèrent d'injures parce que les Allemands, par un ignoble raffinement, avaient annoncé par affiches que ces Français et Françaises étaient la lie de la population et venaient *volontairement* faire le travail que les habitants se refusaient à fournir. Ils furent installés dans les fermes, travaillèrent aux champs, réparèrent des routes. D'autres, envoyés dans la forêt de Saint-Gobain, eurent à abattre des arbres, et peut-être commencer déjà la préparation de la fameuse ligne Hindenbourg.

D'autres, enfin, au camp de Sissonne où ils mouraient de faim, durement menés et maltraités par les soldats.

Par suite d'interventions diplomatiques, les enlèvements en masse cessèrent au bout d'une semaine. 90.000 jeunes gens et jeunes

filles avaient pourtant été ainsi arrachés d
chez eux, dans le seul département du Nord
Les Allemands crurent que la leçon avai
été suffisante et que désormais la populatio
serait plus calme.

On savait encore que, dans une multitud
de villages, les habitants, sans protectio
efficace, étaient effroyablement pressurés e
de plus en plus réduits à un véritable escla
vage. D'autre part, des déportés qui com
mençaient à revenir, soit pour cause de mala
die, soit par suite des interventions du Pape
de Wilson et du roi d'Espagne, racontaien
la brutalité haineuse et bête de la plupar
des soldats qui les avaient surveillés. U1
exemple retentissant en était justemen
donné.

Un petit groupe d'une trentaine de jeune
gens revenait. Les parents prévenus atten
daient impatiemment leurs enfants qui, le
lendemain, seraient dans leurs bras.

C'est pour ces jeunes gens la dernière
étape, la dernière nuit à passer loin de la
maison, sous la garde odieuse des sentinelles. Ils sont parqués dans une grange,
couchés sur de la paille ; il est formellement
interdit de fumer, d'allumer quoi que ce
soit. Au dehors, la sentinelle, baïonnette au
canon, monte la garde.

Tout à coup, au milieu de la nuit, l'œil le bœuf pratiqué dans le mur s'illumine un instant d'une faible lueur qui s'éteint aussitôt. Le soldat se précipite ; il ne connaît que la consigne : défense d'allumer.

Il ouvre la porte, tout le monde dort profondément. Oh ! on ne la lui fait pas, à lui ! Pourtant on ne fume pas ; nulle fumée, nulle odeur de tabac. Une idée géniale le saisit. Peut-être l'un d'entre eux a-t-il pressé le bouton d'une lampe électrique pour voir l'heure. Sans doute, il n'y a pas là grand danger d'incendie ; mais la consigne !

Il veut connaître le coupable. Il se penche sur les dormeurs à la lueur de sa lampe à lui, cette fois, et tâte les poches.

Soudain, sa main rencontre une lampe ; le jeune homme dort profondément. Sûrement, c'est lui le coupable, il fait semblant de dormir. A grand renfort de coups de crosse, il l'éveille en criant.

Réveillé en sursaut, frappé brutalement, le jeune homme se dresse aussitôt. « Mais, enfin, que me voulez-vous ? » dit-il au soldat en écartant de la main la crosse du fusil qui le cherche encore. « Que vous faut-il ? »

Furieux de cette attitude qu'il trouve provocante, le soldat lui envoie un coup de baïonnette dans la gorge.

L'artère est coupée ; la gorge ouverte, le jeune homme tombe, mort.

Fils d'un docteur en médecine, il était encore au collège Jeanne d'Arc, à Lille, où il faisait sa philosophie ; il n'avait pas dix-huit ans.

Il y a tout lieu de penser que le soldat aura été félicité pour son énergie et sa bravoure.

Ce fait qui venait corroborer si tragiquement les récits des déportés, jetait naturellement dans les âmes une certaine épouvante. Les Allemands l'escomptaient ; car malgré les dires de leurs journaux qui prétendaient que les déportés des grandes villes du Nord étaient retournés simplement parce qu'on n'avait plus besoin de leurs services, l'Allemagne avait en fait un besoin de plus en plus pressant d'ouvriers.

*
* *

Nous sommes vers la fin de l'été 1916.

De nouvelles affiches paraissent demandant des ouvriers. Personne ne se présente.

Que faire ? Devant l'émoi diplomatique causé par les grands enlèvements précédents « ils » n'osaient plus procéder de la même manière. Et puis il ne s'agissait plus de mois sonner ; il fallait, immédiatement derrière le front, dans une zone évacuée par les habitants, accomplir des travaux qui n'avaient rien de pacifique. C'était plus que jamais contraire à toutes les lois de la guerre. Mieux valait ne pas trop attirer l'attention.

Sans faire de bruit, ils convoquèrent aux Kommandanturs un certain nombre d'hommes et de jeunes gens. Ils leur dirent que puisque personne ne voulait se présenter, ils étaient désignés pour partir travailler ; qu'ils avaient à préparer leurs paquets ; aucune réclamation n'était admise.

Dans la commune dont j'ai retracé la vie dans la première partie de ces pages et où je me cantonnerai encore presque exclusivement dans les récits qui vont suivre, trente furent désignés. Ils devaient rejoindre dans un camp de travailleurs civils, situé à cinq ou six kilomètres en arrière des premières lignes allemandes, d'autres camarades enlevés comme eux dans d'autres localités.

L'émotion est grande dans la commune. Quelques-uns avaient été prévenus à huit heures du soir qu'ils devaient partir le lendemain à six heures du matin. Nul ne connaît la destination.

Ceux qui ont été désignés se préparent ; il n'y a pas à songer à la résistance ; d'ail-

leurs le commandant les a prévenus que si
quelqu'un était en retard il le ferait chercher
par deux soldats et qu'il exercerait des représailles sur lui et sa famille. Il laisse de plus
entrevoir qu'ils ne seront peut-être pas partis bien longtemps.

Le lendemain les jeunes gens font leurs
adieux à leurs familles, fermes, le sourire
aux lèvres ; ils partent en colonne encadrés
de soldats baïonnette au canon. Ils enton-
nent la *Marseillaise*, ils sont gais, ils rient, et
cependant la rage est au fond de leur cœur.
Travailler pour « Eux » ! Le cauchemar se
réalise donc et ils se sentent impuissants. Ils
voudraient protester et il n'y a près d'eux
que des soldats qui marchent hargneusement
sur le côté de la route.

« Hé, là bas ! plus doucement en tête, crie
l'un d'eux ; on sera toujours assez vite
arrivé. »

C'est la protestation qui commence ; le
plaisir de faire un peu enrager les soldats.
Le pas se ralentit brusquement ; les soldats
soupçonnent du mauvais esprit ; ils crient,
ils tempêtent, ils bousculent, ils donnent des
coups de crosse : il n'y a rien à faire.
Chacun se déclare fatigué et trouve que l'on
marche trop vite.

Enfin, après plusieurs heures de route on

aperçoit la silhouette d'un petit village presque entièrement abandonné. C'est là le lieu de concentration. Le pas se ralentit encore. Les soldats sont furieux ; les jeunes gens s'en moquent.

Tout à coup sur un signal donné par celui qui se trouve en tête, la colonne entière s'arrête.

« Avancez, crie le soldat qui commande la patrouille.

— Non.

— Pourquoi ?

— Parce que nous ne voulons pas travailler, répond celui qui a donné le signal d'arrêter.

— Je ne m'occupe pas de ça, crie le soldat furieux en s'approchant de lui ; avance, toi.

— Non. »

D'un coup de baïonnette le soldat lui traverse le bras.

« Brute, dit sourdement le jeune homme ; et puis, ajoute-t-il en regardant ses camarades, je l'avais bien dit que je ne travaillerai pas. »

Il enlève sa veste, bande la plaie, et se place en queue de la colonne qui se remet en marche.

Au camp, on leur indique aussitôt leurs

places dans des baraquements où des pail
lasses sont alignées côte à côte sur de petit
lits de camp. On les fait passer au burea
pour leur remettre un brassard rouge ave
l'indication de leur compagnie de travail
leurs, et un numéro frappé dans une plaqu
de cuivre. Ce ne sont plus des homme
désormais ; c'est un « matériel humain »
étiqueté et numéroté.

Ils commencent alors leur terrible vie d
travailleurs en colonne dans les compagnie
de discipline. Ils partent le matin, ils revien
nent le soir, été comme hiver, sous un solei
torride ou sous la pluie battante. Ils formen
des colonnes de 30, 40 ou 60 travailleurs
accompagnés de soldats, le fusil chargé à l
bretelle.

Il n'y a pas de résistance possible, car le
punitions du camp sont terribles : le cacho
avec un peu de pain et d'eau ; la cave plein
d'eau, où seule une paillasse émerge de di
centimètres, placée sur quelques planches
la règle de caoutchouc, dont les coup
appliqués sur le dos laissent à chaque foi
une longue raie sanglante, et enfin, si cel
semble nécessaire, l'exécution par les armes

Ils s'en vont donc là-bas vers la ligne d
feu, dans un pays presque désert, dans de
zones que les obus anglais visitent de temp

à autre. Ils voient devant eux toute la rangée des saucisses amies qui les regardent, et ils tremblent qu'avec leur pelle ou leur pioche sur l'épaule, on ne les prenne pour des Allemands allant au travail, et qu'on ne les signale à l'artillerie. Ce serait dur d'être tué par ses propres obus en travaillant pour les boches ! Ils touchent presque de la main, ils dépassent les drachens ennemis et ils assistent de près, avec joie, aux coups terribles que portent parfois les avions amis.

Ils tracent des routes à travers la campagne, posent les rails d'un Decauville, creusent des abris profonds pour les obus ; courbés en avant, les uns derrière les autres, sous les durs rayons d'un soleil d'été, au milieu de la poussière que chacun de leurs pas soulève, ils tirent à l'aide d'un gros câble un bateau de ciment destiné aux tranchées ; ils le déchargent, portent des troncs d'arbres, des rails de chemin de fer.

Et comme ils apportent à tous ces travaux la plus grande lenteur et une évidente mauvaise volonté, les soldats qui les surveillent crient sans cesse, les injurient, les frappent de coups de crosse, menaçant même parfois de les fusiller. C'est une obsession et, heureusement aussi, comme beaucoup sont jeunes, cela devient presque une habitude

Ils rient malgré tout, plaisantent entre eux, se font encore des farces, haussent les épaules devant les invectives des soldats. Ils se portent parfois au secours de tel ou tel de leurs camarades, qui, frappé plus brutalement, est tombé sur la route sous la violence des coups de crosse et que les soldats cependant continuent de frapper. Un camarade s'élance et bouscule les soldats en protestant ? Ceux-ci, furieux, tournent leur rage vers le nouveau venu qui est bientôt dégagé par un troisième. J'ai connu une compagnie de 40 où tous, les uns après les autres, reçurent ainsi leur part de coups !

Les soldats étaient épuisés d'avoir frappé !

Quand ils reviennent le soir, contents s'ils ont fait peu de travail, s'ils ont pu défaire en fin de journée leur tâche du jour, s'ils ont pu adroitement saboter leurs outils, on leur donne pour tout repas une détestable soupe au rutabaga amer et dur, à l'orge, à l'avoine non décortiquées. Une soupe et un morceau de pain, c'est un régime de famine. Ceux qui n'ont pas été transportés très loin de chez eux, arrivent à force d'adresse à se faire apporter de petits colis de vivres : les autres se font suppliants auprès de leurs camarades, demandant en grâce des restes de soupe, *venant essuyer avec un petit morceau de pain le fond des gamelles.*

Certes, cela aussi est calculé. On compte bien sur l'aide de la faim pour leur faire signer un engagement de travail. On les y invite de temps à autre ; on les appelle séparément ; on s'efforce de les convaincre.

On leur représente que leurs privations sont inutiles ; qu'ils ne peuvent se refuser à faire le travail qu'on leur impose et que ce travail ne diffère pas sensiblement de celui des volontaires. On leur dit que s'ils acceptent ils pourront retourner immédiatement chez eux, qu'ils retrouveront leur famille et une abondance relative, que tous les soirs ils pourront coucher dans un bon lit. On fait miroiter à leurs yeux l'argent qu'ils pourront gagner : 8, 10, ou 12 francs par jour au lieu des sept sous qu'ils gagnent maintenant et qu'on ne leur donne pas toujours, et on essaie de leur faire comprendre qu'en ces temps difficiles leurs familles en auraient le plus grand besoin.

Mais, à part l'un ou l'autre de ceux qui, semblables à des squelettes, ne savent plus ce que c'est que de ne pas avoir faim, ils ne se laissent pas attendrir. Pourtant qui pourrait jamais leur reprocher d'accepter aujourd'hui ; n'ont-ils pas assez montré qu'ils ne cédaient qu'à la force et à la brutalité ? Ils souffrent pour un principe ; parce qu'ils savent que l'ennemi n'a pas le droit d'exiger d'eux ce qu'il exige. Ce sont des forçats sans boulets, des forçats innocents gardés par des ennemis cruels.

Ils ne cèdent pas, parce qu'il leur semble que ce serait une lâcheté et un mauvais exemple ; ils ne cèdent pas, parce qu'ils savent que dans leur commune on a les yeux sur eux et on les admire ; ils ne cèdent pas, surtout parce qu'il faut signer et qu'ils ne veulent pas qu'après la guerre leurs noms puissent être confondus avec les noms de ceux qui, dès la première heure et sans aucune violence, se sont offerts d'eux-mêmes à leurs ennemis. Ils ne veulent pas que ceux qui reviendront après avoir soutenu d'héroïques combats puissent leur reprocher d'avoir aidé l'ennemi et d'avoir organisé des défenses devant lesquelles seront tombés leurs frères !

Et c'est pourquoi ils repoussent les offres alléchantes de l'officier. On les a enlevés de chez eux sans demander leur avis, ils ne s'abaisseront pas à demander par un acte de soumission qu'on les ramène chez eux.

Et sans un regret ils retournent dans leurs chambres retrouver leurs paillasses ; ils chanteront pour oublier, ils riront et s'amuseront entre eux, parce qu'ils sont jeunes, parce qu'ils sont Français, parce qu'ils savent que celui qui s'abandonne à la tristesse aujourd'hui, est malade demain et signe après-demain son engagement.

Quand, après trois ou quatre semaines, ils reviennent dans la commune en permission de vingt-quatre heures, les camarades leur serrent la main, écoutent les récits de leurs souffrances, admirent leur héroïsme, un peu inquiets tout de même de ce que l'avenir leur réserve à eux aussi. La population sourit amicalement sur leur passage, mais les mères se demandent avec angoisse si le tour de leurs fils ne viendra pas bientôt.

CHAPITRE III

La Lutte.

CHAPITRE III

La lutte.

De fait, pendant quelque temps, dans cette lutte inégale, il y eut une sorte de trêve. La Kommandantur faisait et refaisait d'innombrables listes sur lesquelles étaient indiqués le nom de chacun, son âge, sa profession antérieure, ses occupations actuelles. On sentait que la question du travail allait bientôt se poser d'une façon plus aiguë que jamais. Ceux qui jusqu'alors avaient été épargnés — et ils étaient encore nombreux — vivaient dans l'inquiétude du lendemain.

Cependant, au cours de l'année 1917, l'attitude des Allemands change. Sous quelle influence ? Action diplomatique, pression des neutres, inquiétudes au sujet des comptes à régler au moment de la paix ? Je ne sais. Mais leur procédé ne sera plus maintenant l'enlèvement sans formes ni phrases, où l'intéressé n'est pas admis à formuler la moindre réclamation : ils proposeront le travail désormais et exigeront le consentement. Par contre, ce ne sera plus sur quelques dizaines d'hommes que tombera la réquisition, mais sur tous les hommes, jeunes gens et enfants de 14 à 60 ans, sur les jeunes filles même.

Ils instaureront dans la commune un régime de terreur; ils procéderont par la ruse, la menace et la violence. Ils veulent arriver à leur but : avoir des travailleurs; et se ménager un semblant de droit en obtenant leur consentement.

Ils vont donc les obliger à statuer eux-mêmes sur leur sort et sous l'empire d'un sentiment de terreur et d'impuissance : ou choisir une vie de forçats volontaires, conduits par les injures et les coups comme des bêtes récalcitrantes, ou donner leur consentement à un travail qu'ils abhorrent par-dessus tout.

Ils vont encore se heurter à une résistance qui les étonnera et les irritera sans les désarmer; et les violences qu'ils exerceront sur les insoumis montreront par elles-mêmes le peu de valeur du pénible consentement qu'ils auront réussi à arracher à de malheureux jeunes gens, tout jeunes parfois, anémiés par les privations d'une trop longue occupation, connaissant la brutalité et la méchanceté de l'ennemi quand on lui résiste, ébranlés aussi par les larmes des mères.

***

De nouvelles affiches parurent d'abord concernant les travailleurs volontaires. On leur faisait des conditions magnifiques : on les payait 10 à 12 francs par jour pour les hommes, 6 à 7 francs pour les femmes, 4 à 5 francs pour les apprentis. On leur promettait des distributions gratuites de charbon pour l'hiver ; on leur procurerait des vêtements. Ils seraient, eux et leurs familles, sous la protection de l'autorité allemande. En cas d'évacuation forcée d'une partie de la population, leurs familles pourraient, si elles le désiraient, rester dans la localité.

Que l'on se représente l'effet que ces avances devaient produire sur les habitants. Ils manquaient de tout : de vêtements et de chaussures, de vivres et de charbon. Les moindres choses que l'on trouvait encore dans les magasins coûtaient un prix fou. Les mères étaient sans cesse inquiètes des évacuations dont on causait tous les jours. On parlait de l'évacuation des enfants vers la Hollande, du départ des malades, de la séparation des familles. Déjà plus de

600 vieillards et malades avaient été emmenés en Belgique en wagons à bestiaux, laissant leurs maisons aux mains des Allemands. C'était une inquiétude perpétuelle.

Et on leur offrait la tranquillité ; on leur donnait de l'argent ; on leur promettait du charbon, des vêtements !

Quelle tentation ! En échange, on ne leur demandait qu'une signature ; la simple acceptation d'une loi que, d'autre part, ils devraient certainement subir.

Et cependant la proposition allemande ne fut reçue qu'avec mépris.

La population eut l'impression que l'on voulait ainsi payer une trahison. S'offrir de plein gré, signer de sa main pour un peu d'argent un engagement qui mettait à la disposition de l'ennemi ; accepter pour un peu de charbon de faire des tranchées dans lesquelles l'ennemi s'abritera ; donner son nom dont il se servira peut-être au jour de la paix pour s'élever contre les protestations indignées du monde entier et affirmer qu'il n'a fait travailler que ceux qui l'ont bien voulu ; cela jamais ! Et personne ne se présenta.

Mais l'Allemand n'est plus disposé à parlementer : il faut que tout le monde travaille.

Trente jeunes gens sont convoqués à la Kommandantur. Le billet ne donne pas le

motif, mais chacun le devine. Ils ont reçu
leur convocation dans la soirée, c'est le lendemain qu'ils doivent se présenter ; et le
repas du soir est silencieux, lourd de pen-
sées.

La mère dit, comme sortant d'un rêve :

« Tu as vu les autres ?

— Oui.

— Savent-ils pourquoi vous êtes appelés ?

— Pas plus que moi ; mais il n'y a pas de
doute : c'est pour le travail.

— Et que vont-ils faire ?

— Ils refuseront de signer.

— Tous ?

— Tous ceux que j'ai vus.

— Pourvu qu'ils tiennent parole et ne te
laissent pas seul. »

C'est tout. Au moment de monter, la mère
dit encore comme continuant la conversation :

« Si vous refusez tous, que vont-ils vous
faire ?

— Bast ! on le verra bien. »

Le lendemain, les trente sont exacts au
rendez-vous. Ils ont de 17 à 20 ans. Réunis
dans le jardin attenant à la maison particulière où sont installés les bureaux de la
Kommandantur, ils attendent, inquiets et
agités au dedans d'eux-mêmes, mais s'effor-

çant d'être calmes et de garder le sourire.

L'un d'eux est appelé. Il entre et s'étonne de l'accueil qu'on lui fait. On ne crie pas, on ne le rudoie pas, et c'est la première fois. Le secrétaire lui fait signe d'approcher ; il lui parle doucement, lui dit qu'il est appelé pour travailler, que le commandant est résolu maintenant à faire travailler tout le monde, que ceux qui feront la mauvaise tête seront très sévèrement punis. Il lui conseille d'accepter simplement ce qu'il ne peut refuser sans danger pour lui et sa famille ; de ne pas écouter les conseils de certains fanfarons qui seront bientôt appelés à leur tour et s'empresseront certainement de signer. Un papier est là tout prêt, il n'y a plus que sa signature à y apposer.

Mais lui refuse : « Non, je ne veux pas.

— Pourquoi ?

— Parce que je ne veux pas travailler contre ma patrie. »

Le secrétaire hausse les épaules et s'irrite : « Et qui donc te demande de travailler contre ta patrie ? Tu travailleras ici, près de chez toi, tu travailleras dans les champs, tu arrangeras une route, tu déchargeras un bateau. C'est travailler contre ta patrie cela ? — Il lui montre le papier :

— Veux-tu ?

— Non,

— Ah ! tu ne veux pas, crie l'Allemand en fureur ; tu crois donc que ta patrie s'occupe de toi ; tu penses pouvoir faire la mauvaise tête ? Prends garde ! Nous sommes les maîtres ici. Il faudra bien que vous obéissiez tous, dussions-nous en fusiller plusieurs d'entre vous. Tu travailleras de gré ou de force. Je te rappellerai dans quelques jours ; d'ici là, tu réfléchiras. »

Le jeune homme sort et retrouve dans le jardin ses camarades qui s'inquiètent. Il raconte son interrogatoire, les insinuations doucereuses du début, les menaces de la fin. « Il a dit qu'il en fusillerait plusieurs s'il le fallait. » Il est encore agité de la lutte qu'il a dû soutenir, mais il est heureux de n'avoir pas cédé.

Les uns après les autres, ils furent appelés devant le secrétaire, subirent le même interrogatoire, entendirent les mêmes insinuantes avances, les mêmes menaces, aucun ne signa.

Pendant trois jours ils furent laissés à eux-mêmes. Malgré eux, les menaces proférées les inquiétaient ; leurs mères pleuraient. Dans la population, certains disaient qu'il était inutile d'aller plus loin ; qu'ils avaient lutté pour sauvegarder un principe, qu'ils avaient assez montré maintenant qu'ils n'accepteraient le travail que contraints et forcés. D'autres au contraire les encourageaient ; leur demandaient d'aller plus loin encore ; de subir, s'il le fallait, la brutalité de l'ennemi pour leur honneur, l'honneur de la France et la honte de l'Allemagne, mais ils reconnaissaient qu'on ne pouvait les y obliger et que c'était là faire plus que leur devoir.

Au milieu de ce flot d'idées contradictoires, une seule chose demeurait claire dans l'esprit inquiet de ces jeunes gens : c'est qu'ils ne signeraient pas.

Sur ces entrefaites, la nouvelle se répand qu'un homme de la commune a été appelé à la Kommandantur pour travailler. Il a refusé lui aussi. On se raconte que deux soldats l'ont alors empoigné dans le bureau même des secrétaires, l'ont jeté par terre, et, le tenant étendu, se sont mis à le frapper sauvagement de coups de pied, de coups de corde, de coups de poing dans la figure qui faisaient heurter rudement sa tête contre le parquet.

Le fait était exact ; il prouvait que les Allemands ne reculeraient devant rien.

Le groupe des jeunes gens fut rappelé. Plus émus qu'ils ne veulent le paraître, inquiets et hésitants, ils se retrouvent en-

semble dans ce même jardin de la Kommandantur. Quelques soldats sont là qui les
placent sur deux rangs. Bientôt arrive un
officier, la cravache à la main, accompagné
du secrétaire :

« Vous avez refusé de signer un engagement de travail il y a trois jours, dit l'officier
d'une voix cassante. Soit ; cet engagement
nous ne le demandons plus. Mais comme
nous exigeons de tous le travail, nous vous
l'imposons aujourd'hui de force. Vous aurez
à répondre que vous acceptez de vous sou-
mettre à ce travail forcé. Qu'il n'y ait pas
surtout de mauvaises têtes. Nous saurions les
réduire par tous les moyens. »

Le ton est menaçant, le regard dur ; la
cravache siffle nerveusement. Les jeunes
gens sont effrayés et interdits à la fois : on
ne demande plus de signer ; on proclame au
contraire que le travail qu'ils feront sera
pour eux un travail *forcé*. Le principe est
donc sauvegardé. Et la présence des soldats,
les menaces et la cravache de l'officier anni-
hilent les dernières énergies.

« Approche-toi, toi », crie l'officier en
désignant le premier.

Il s'avance en hésitant, pâle et inquiet.

« Veux-tu faire le travail que nous t'imposerons, oui ou non ? »

Il répond les dents serrées : « Si je suis forcé, oui. »

L'officier a dans le regard un éclair de triomphe : « C'est bien ; mets-toi là. »

Tour à tour ils défilent et entraînés par l'exemple, ils font la même réponse, appuyant sur la condition : « Si je suis forcé. »

Pas tous cependant. En voici un qui s'avance, fort, solide, taillé à la hache, il a vingt ans, il ne tremble pas, et l'officier lit dans son regard je ne sais quelle résolution qui l'inquiète dans son beau triomphe :

« Veux-tu travailler, oui ou non ?

— Non.

— Comment ?

— J'ai dit non.

— Non ? Pourquoi ? » crie l'officier.

Très calme, il répond : « Je l'ai dit il y a trois jours à Monsieur le secrétaire, parce que je ne veux pas travailler contre ma patrie.

— Prends garde, dit l'officier qui s'avance en faisant siffler sa cravache.

— Je ne dis rien de mal, reprend-il nettement en regardant l'officier bien en face. Vous me demandez pourquoi je ne veux pas travailler. Je vous le dis, voilà tout. »

Interdit, l'officier s'arrête : « Mets-toi là, sur le côté ; nous verrons à régler ton affaire tout à l'heure. »

Quand l'interrogatoire fut terminé, il était le seul à avoir osé refuser. On le renvoya simplement avec les autres, en lui enjoignant d'avoir à se présenter, lui aussi, le lendemain à six heures, pour aller au travail, comme s'il avait accepté.

On comptait sur les camarades, sur les parents, sur la crainte des représailles, sur son isolement, pour le faire revenir sur sa décision et briser sa résistance.

En ville, les habitants qui, tous, connaissaient l'histoire, s'étonnaient de le voir encore en liberté et se demandaient avec inquiétude ce que l'Allemand lui réservait s'il persistait dans sa résolution.

Le lendemain à six heures, il est là avec les camarades, et tous partent au travail sous la conduite de quelques soldats. Après une heure de marche, ils arrivent. Il s'agissait, pour débuter, de tracer une route conduisant à une série de caves où l'on mettait des munitions. Les soldats donnent à chacun un outil. A lui, le soldat présente une pelle. « Moi, dit-il, je n'en ai pas besoin. »

Le soldat insiste. « Je te dis que tu peux la garder, ta pelle. Je ne suis pas venu ici pour travailler. »

Le soldat le regarde, étonné : « Alors, pourquoi faire ?

— L'officier m'a dit de venir, je suis venu ; mais j'ai dit que je ne travaillerai pas, donc je n'ai pas besoin de pelle. »

Le cas n'avait pas été prévu, et le soldat n'avait pas d'ordres. « Alors, dit-il pour conclure, retourne à la Kommandantur. »

Le voilà de nouveau en présence du secrétaire, seul à cette heure matinale. « Comme ça, dit celui-ci, tu fais la mauvaise tête, tu ne veux pas obéir, » et il s'avance menaçant comme pour le frapper.

« Ah non ! pas de ça, dit l'autre en se mettant en garde de boxe ; si vous me touchez, tant pis, je cogne. »

Et d'un coup de ses terribles poings, il aurait fait voltiger à l'autre bout de la salle ce petit morveux de vingt-deux ans.

Celui-ci le comprit, revint prudemment à son bureau et dit : « Tu vas retourner chez toi, tu prépareras ton paquet. Demain à trois heures, tu partiras en compagnie de discipline. »

Le lendemain, il partait, sac au dos, seul dans la rue, car la population venait d'être punie et privée de circulation à partir de deux heures de l'après-midi, pour une inscription injurieuse trouvée sur un drapeau. Sa mère pleurait en lui disant adieu ; son père l'avait encouragé.

Il arrive vers le soir au camp de discipline accompagné d'un soldat. Le caporal, une brute qui dirige le camp l'attend.

« Je sais, dit-il, que vous êtes une mauvaise tête ; vous n'avez pas voulu travailler ; mais ici vous travaillerez.

— Non, je ne travaillerai pas. »

A peine a-t-il dit ces mots qu'il reçoit une gifle magistrale en pleine figure. En même temps, le caporal se met à lui crier un tas de choses qui doivent être de terribles injures, mais qu'il ne comprend pas parce qu'elles sont en allemand. Il écoute sans sourciller, regardant de côté le caporal qui, de plus en plus furieux, lui décoche un direct à la figure. Il avait cette fois prévu le coup. Prompt à la parade, il esquive le coup de poing, et, n'osant frapper, prend aux poignets l'Allemand qui se tord sous son étreinte.

Des soldats les séparent et le conduisent avec forces menaces à une chambrée où un lit de camp semble l'attendre. Entouré aussitôt par ses nouveaux camarades, presque tous « mauvaises têtes » comme lui, revenus depuis peu du travail, le jeune homme commence à faire connaissance avec les hommes et les choses au milieu desquels il doit vivre désormais. On lui apporte un brassard rouge

et une plaque de cuivre avec son numéro
d'ordre.

Le lendemain matin, il est appelé au bureau. Le caporal lui demande s'il est décidé
à se rendre au travail; il refuse. Le Boche
prend alors derrière lui un solide bâton, et
se précipite pour le frapper. Mais lui déjà
a disparu. Il court se cacher pour échapper
à ce furieux et pendant plus d'une heure,
il reste blotti sous un lit, tremblant d'être
découvert. Toute la journée, presque seul
dans le camp, il vit dans une continuelle
inquiétude. Il craint à chaque pas de rencontrer le caporal, il évite les soldats qui
semblent tous lui vouloir du mal, il ne se
tranquillise que le soir, lorsque ses compagnons reviennent et le réconfortent.

Le lendemain encore, nouvel appel, nouveau refus. Cette fois, l'Allemand prend sur
sa table la terrible règle de caoutchouc et
cherche à l'atteindre, mais il échappe encore
et réussit à se cacher.

C'en est trop cependant. Ses forces s'é-
puisent, seul dans cette lutte impossible.

Un camarade, qui fait fonction d'inter-
prète, le soir vient le trouver. « C'est bien,
ce que tu fais, mais tu ne seras pas le plus
fort. Nous avons essayé nous aussi la même
résistance que toi ; il nous a fallu céder. Je

dois te prévenir que demain, si tu refuses encore, tu seras mis en cellule où tu n'auras ni à boire, ni à manger jusqu'à ce que tu aies signé ton engagement de travail. Tu vois, ce ne sera pas mieux; et tu sais, quand on a faim et soif... »

Il comprit qu'il devrait céder et signer, c'est ce qu'il redoutait par-dessus tout. Le lendemain, il partait travailler. Oh ! travailler ! A vingt ils ne faisaient pas le travail d'un homme. Les soldats qui les surveillaient, furieux, criaient sans cesse, les frappaient à coups de crosse, les injuriaient. Au travail et au camp, c'étaient ainsi toujours des injures et des coups.

Cela dura pendant quelques semaines ; puis notre jeune homme fut excédé d'un tel régime. Il voulait d'abord partir n'importe où, au hasard, se cacher et vivre terré comme les taupes à jamais ignoré des Allemands. Mais, soutenu, encouragé et conseillé, il eut bientôt l'ambition de retrouver la France libre. Il partirait avec des amis à travers la Belgique, trouverait à Bruxelles une maison où ils pourraient, pendant quelque temps, se cacher et entreraient alors par intermédiaire en relations avec une agence qui les ferait passer en Hollande.

Tout alla bien d'abord. Le départ difficile

réussit au moyen de faux papiers et d'une fausse carte d'identité ; mais en Belgique, malheureusement, il fut pris avant d'avoir atteint Bruxelles, et un mois après seulement, l'autorité militaire prévenait la famille qu'il avait été arrêté et condamné à quatre mois de cellule et à deux ans et demi de travaux forcés dans une compagnie pénitentiaire des environs de Sedan où il ne pourrait plus avoir aucune relation avec qui que ce soit.

Il y mourut quelques mois après de misère et de privations sous les coups de ses geôliers.

** **

Mais son exemple avait porté des fruits. Il est à peine parti depuis quelques jours en compagnie de discipline que déjà, parmi les vingt-neuf qui près de lui ont accepté le travail forcé sous la menace, plusieurs refusent de se rendre au travail et préfèrent le rejoindre à la compagnie.

Les Allemands, maintenant, multiplient les appels pour le travail et tous les jours le nombre des récalcitrants augmente. Non seulement tous refusent de signer un engagement de travail, mais beaucoup répondent un « non » catégorique à la proposition du travail forcé. Ils savent que cela leur vaut l'éloignement de leur famille, les souffrances de la compagnie de discipline ; mais ils ne craignent plus la menace allemande. C'est un honneur pour eux de faire partie des brassards rouges.

Dieu sait pourtant quelle vie était la leur !

Je les voyais souvent lorsqu'en permission de vingt-quatre heures ils revenaient passer un dimanche en famille. Ils me racontaient les incidents de leur vie, et quoique disséminés dans divers camps, c'étaient toujours à peu près les mêmes histoires qu'ils me disaient.

Je me les rappelle encore, comme si je les avais entendues hier. Ils me disaient tous la brutalité bestiale de leurs sous-officiers au camp, de leurs soldats au travail. Ils me disaient l'ignoble et insuffisante nourriture qu'on leur donnait et dont les porcs n'auraient pas voulu. Ils me décrivaient l'état d'effrayante maigreur de ces malheureux, belges pour la plupart, qui, loin de leurs familles, sans colis de vivres, le teint terreux, les yeux cernés, venaient essuyer leurs fonds de gamelle et les supplier de leur donner un morceau de pain. « Ah ! disaient-ils, pauvres gens : on a gros cœur de les voir signer leur engagement de travail, mais on les comprend. » Et ils ajoutaient : « Bien sou-

vent, quand on sait que l'un de ceux-là n'a
plus à manger et va signer, on s'entend
entre soi, on réunit des vivres et on les lui
donne pour qu'il tienne plus longtemps. »

L'un d'eux me disait un jour :

« Vous ne pouvez vous figurer à quel
point de parfaite brute est arrivé le caporal
qui dirige notre camp. On ne peut s'approcher de lui sans qu'il crie, lui demander
quelque chose sans être injurié et frappé.
Il y a quelques jours, un monsieur, direc-
teur d'une grande usine, emmené en Allemagne pendant six mois comme otage, est
renvoyé dans notre compagnie au lieu de
rentrer chez lui comme les autres otages.
Étonné de ce traitement spécial, il écrit
aussitôt au Général gouverneur une lettre
où il indique qu'il doit y avoir erreur ; puis,
comme le camp n'est pas très éloigné de
chez lui, il va trouver le caporal pour
obtenir une permission de quelques heures
afin d'aller chercher tout ce qui lui est
nécessaire. Je l'avais mis en garde, car le
caporal, toujours féroce, l'est davantage
encore quand on lui parle de permission.
Nous allons ensemble au bureau, et il
demande poliment en allemand sa permission. Le caporal le fait répéter, et avant
même que la demande soit entièrement

formulée, lui envoie en pleine figure un coup de poing qui le laisse d'abord étourdi et dont il souffrait encore plusieurs jours après. C'est toute la réponse qu'il obtint et le lendemain il venait avec nous faire la chaîne pour tirer un bateau. »

Le jeune homme ajoutait : « Ces cas sont si fréquents qu'on en prend l'habitude. Le cachot, les coups de poing et les coups de crosse, c'est du pain quotidien. Parfois, c'est plus grave. Il y a quelques jours aussi, un de nos camarades est accusé d'avoir volé. Quoi ? Je ne l'ai pas su ; probablement des vivres à la cantine allemande. Pour le punir, deux soldats l'ont pris sur l'ordre du caporal ; l'ont déshabillé jusqu'à la ceinture, l'ont couché sur une table et l'ont frappé avec la barre de caoutchouc. Le malheureux hurlait sous les coups. Quelques minutes après, son dos n'était qu'une plaie. »

Et c'était ainsi dans presque tous les camps de discipline.

Le matin à 4 heures en été, à 5 heures en hiver, ils se levaient, se rassemblaient dans la cour et partaient en colonne travailler près du front dans différentes directions.

Un jour, certains d'entre eux furent pris à partie par l'artillerie anglaise qui se mit à les bombarder. Heureusement, les premiers obus tombèrent à cinquante mètres de l'endroit où ils se trouvaient. Jetant aussitôt leurs outils, ils se sauvèrent à travers la campagne, suivis ou plutôt précédés par les soldats qui devaient les garder. Le lendemain on voulut les renvoyer reprendre le travail ; ils refusèrent obstinément de s'y rendre. On y envoya une équipe de trente soldats russes ; seize furent tués.

D'autres avaient reçu l'ordre d'établir une passerelle sur un petit ruisseau. Pendant leur travail un avion français ou anglais se mit à tournoyer au-dessus d'eux, et bientôt laissa tomber des bombes. Ils n'eurent que le temps de se coucher dans le ruisseau pour éviter les éclats des projectiles qui tombaient à quelques mètres d'eux.

Les soldats qui les accompagnaient étaient le plus souvent avec eux d'une extraordinaire brutalité. Habitués pour eux-mêmes à être frappés, ils trouvaient sans doute tout naturel de traiter les autres de la même manière.

Cela me rappelle un fait que j'ai vu moi-même à quelques mètres de ma fenêtre un soir d'été 1915, vers neuf heures. Un soldat passait, semblant avoir légèrement fêté Bacchus ; un officier le croise, et le soldat, qui ne l'a sans doute pas vu, ne le salue pas. Le chef revient vers lui furieux, crie, fait beaucoup de bruit. L'autre, au garde-à-vous, immobile, l'écoute. Enfin, l'officier fait siffler la cravache et de deux coups bien appliqués lui cingle la figure à droite et à gauche. Le soldat n'a pas bronché, salue et s'en va.

Comment s'étonner que de tels hommes ne connaissent que les injures et les coups de crosse avec des jeunes gens qui sont sous leurs ordres et qui ne manifestent évidemment pas une très grande bonne volonté ? L'un de ces jeunes gens, celui justement qui avait le premier osé résister en face à l'Allemand me dit un jour :

« Cette semaine, j'ai été frappé comme je ne l'ai encore jamais été. Je m'étais porté au secours d'un camarade assez petit et faible qu'un soldat frappait brutalement. J'avais même saisi le fusil pour arrêter ses coups. Un autre soldat est arrivé derrière moi sans que je l'entende et il m'a frappé si violemment dans les reins que je suis tombé sur le chemin. Aussitôt, à deux, ils se sont mis à me frapper avec la lourde crosse de leurs fusils ; je ne pouvais plus me relever. Heureusement, mes camarades sont venus à mon secours ; sans eux, je crois que ces brutes m'auraient tué. »

Il disait cela très simplement, comme une chose toute naturelle.

Un autre me disait : « Nous nous sommes entendus dans notre compagnie pour refuser, malgré les menaces et les coups, certains travaux qui sont trop directement des travaux de guerre. Nous ne voulons pas faire des tranchées, mettre des fils de fer barbelé, creuser des abris pour les munitions. La semaine dernière, ils voulaient nous faire creuser des abris ; nous avons refusé. Les soldats se sont mis à crier, à nous injurier, à nous frapper à coups de crosse. Personne ne voulut obéir.

« Ils en ont pris un au hasard et lui ont dit de commencer le travail. Il a refusé. Un soldat a pris son fusil, l'a mis en joue, déclarant qu'il tirerait s'il n'obéissait pas. Ils étaient à quelques pas l'un de l'autre ; nous nous demandions ce qui allait arriver. Mais notre camarade devant la menace soudain éclate de rire et, tournant le dos au soldat, les mains dans les poches, s'est mis à siffler une valse.

« Le soldat n'a pas osé tirer et on nous a donné un autre travail... »

Il avait à peine fini son histoire qu'il enlève sa veste, relève la manche de sa chemise jusqu'à l'épaule et me dit : « Regardez

mes bras. » Il avait les bras gonflés, couverts
d'ecchymoses bleues et jaunes.

« C'est mardi, me dit-il, que j'ai attrapé
ça. On voulait nous faire recouvrir de gazon
des abris pour munitions. J'étais le premier
à commencer le travail ; j'ai refusé. Alors
deux des soldats qui nous accompagnaient
sont venus près de moi, se sont mis à droite
et à gauche, et prenant leur fusil à deux
mains par le bout du canon, le faisant tournoyer, ils se sont mis à me frapper avec la
crosse de toute leur force. Au bout de quelques minutes, mes bras, des mains à l'épaule,
étaient terriblement enflés. Ils s'arrêtèrent et
me présentèrent une pelle en me disant de
travailler. Je ne pouvais même plus serrer les
doigts.

« Ils n'insistèrent pas. Le soir, comme je
déclarais au caporal qu'il me serait impossible d'aller au travail le lendemain, celui-ci
m'envoya un coup de poing dans la figure
en me déclarant qu'il allait m'apprendre à
faire la mauvaise tête. »

*
* *

Chose étrange et pourtant très psychologique, les récits des mauvais traitements

que ces jeunes gens faisaient à leurs camarades dans leurs jours de permission ne faisaient que confirmer beaucoup de ceux qui
n'avaient pas encore été appelés dans leur
résolution de résistance aux exigences de
l'ennemi.

Celui-ci ne parlait plus maintenant de
faire signer des engagements, il avait assez
de difficultés à obtenir ce *oui* timide qu'il
exigeait et qu'il payait d'ailleurs ; car si
dans les compagnies de discipline il donnait
sept sous par homme et par jour, et 10 à
12 francs aux volontaires, à ceux de la caté-
gorie intermédiaire il donnait 4 à 5 francs.

N'importe ; la résistance croissait tous les
jours, et l'Allemand s'en irritait. Il essaya la
torture avant la compagnie de discipline.

On enferma désormais ceux qui refusaient
dans une salle dont les fenêtres murées ne
laissaient passer que dans le haut un peu
d'air et de lumière. Pas une chaise, pas un
lit, pas une paillasse ; pour se reposer il
fallait s'étendre sur le plancher couvert d'une
épaisse couche de poussière. Comme régime : du pain et de l'eau.

Tous les jours on venait leur demander
s'ils acceptaient ; et les gendarmes pour les
faire obéir, « pour faire plier ces cochons de
Français », comme ils disaient, les frappaient

avec la dernière brutalité. Et eux les malheureux, en arrivaient à souhaiter comme
une délivrance la compagnie de discipline.

Après cinq à six jours de ce traitement,
on se résignait à les y envoyer, et je les
vois encore, jeunes gens de 17 à 18 ans, au
moment où ils venaient chez eux chercher
leurs paquets avant le départ, montrer à
tous d'un air vainqueur les marques sanglantes laissées sur leurs visages par la
baguette de fer avec laquelle les gendarmes
les avaient frappés.

Pour l'un d'eux un jour ce fut plus terrible
encore. Il avait 17 ans, anémié par les privations, faible et délicat ; il était enfermé
avec quelques camarades attendant son
départ pour le camp. Le gendarme, afin de
l'humilier sans doute, pour le forcer à travailler pour lui personnellement, va le chercher dans sa prison et lui ordonne de nettoyer sa bicyclette. L'enfant — n'était-ce
pas presque un enfant ? — se révolte :

« Je ne le ferai pas.

— Tu ne veux pas ?

— Non. »

Furieux le Boche prend une chaîne de
fer et le frappe à coups redoublés. Il le
pousse dans la gendarmerie. Ils sont quatre
dans la salle qui boivent et fument. Ils se

mettent aussitôt aux quatre coins et s'envoient le pauvre enfant à coups de pied et de poing jusqu'à ce qu'il tombe épuisé et sanglant au milieu de la salle. On le remet dans sa prison.

Deux jours après, il doit partir en compagnie de discipline avec ses compagnons de captivité. Aucun d'eux ne peut dire adieu à ses parents et les mères sont là dans la rue attendant anxieusement le départ de leurs enfants. Ils sortent... Les voilà... Malgré la défense, une mère se précipite vers son fils.

Le gendarme aussitôt se jette sur elle, la prend par les cheveux et la traîne sur le pavé... Son plus jeune fils, il a quinze ans à peine, saute à la gorge du gendarme pour lui faire lâcher prise ; on l'envoie rouler, la tête contre le mur, et trois jours après, lui, si jeune, il part rejoindre au camp son frère aîné.

C'est un déchaînement de fureur ; mais les Allemands ne connaissent pas encore le caractère français.

Les refus maintenant se multiplient. La rigueur déployée, loin d'épouvanter, stimule les énergies. Certains qui avaient d'abord accepté le travail imposé sous l'empire de la peur refusent aujourd'hui de continuer ;

les nouveaux appelés refusent presque tous.

Les Allemands furieux de telles résistances voudraient connaître les influences cachées qui les provoquent et les soutiennent. Ils interrogent les jeunes gens; voudraient leur faire prononcer des noms. Peine perdue. Les jeunes gens se déclarent assez grands pour savoir par eux-mêmes ce qu'ils ont à faire.

Ils sont plus de deux cents; on ne sait où les enfermer. On ne peut songer à envoyer tout ce monde dans les compagnies de discipline. Que faire?

On fera tout exprès pour eux un nouveau camp, derrière le front, à six ou sept kilomètres des premières lignes. Il sera facile de les envoyer en colonne où l'on voudra.

Ils partent. Il y a parmi eux des hommes de trente et quarante ans, des enfants de seize et même quinze ans. Ils partent en chantant toujours, quand même, la *Marseillaise*.

La matinée n'est pas encore avancée et il fait déjà une chaleur torride. Après plusieurs heures de marche, ils arrivent au milieu d'un champ, s'alignent sur deux rangs suivant l'ordre donné et placent à leurs pieds leurs sacs et musettes contenant des vivres pour la journée. En face d'eux des rouleaux de fil de fer barbelé.

On leur commande de dérouler les fils et de les placer dans le champ. Tous refusent ; aucun ne fait seulement un pas en avant.

Le sous-officier furieux déclare qu'ils ne bougeront pas de là aussi longtemps qu'ils n'auront pas obéi, et qu'ils n'auront ni à boire, ni à manger.

Déjà fatigués de la route, ils sont tous là debout, silencieux, tête nue en plein soleil de juin, — car on a eu le raffinement de les obliger à se découvrir. L'air est lourd et des bouffées de chaleur montent de la terre. Devant et derrière eux des soldats vont et viennent, guettant les défaillances, frappant violemment de coups de crosse ceux qui veulent se reposer sur une jambe. Ils ont faim et surtout ils ont soif dans cet air embrasé, après leur longue marche sur les routes poudreuses. Leur musette est à leurs pieds et aucun n'a le droit d'étendre la main pour la prendre.

A quatre heures, un orage violent se déchaîne ; la pluie tombe à torrents, les mouillant de la tête aux pieds. L'orage passe ; ils sont encore là, tous debout à la même place ; les soldats, qui ne sont pas de garde près d'eux, rient et s'amusent.

Enfin, vers sept heures, les plus jeunes, les plus faibles, n'en pouvant plus, se baissent vers les fils de fer. Aussitôt ils sont libres de prendre leurs paquets, de manger, de partir à la ferme qui devra leur servir de camp.

Puis, les uns après les autres, brisés de fatigue, entraînés par l'exemple, sentant bien qu'ils ne seront pas les plus forts, ils se décident à céder.

La nuit est presque tombée. Seul un petit groupe d'hommes résiste encore. Ils rentrent ; mais le lendemain, pour leur enlever toute velléité de résistance, on prend l'un d'eux, un Alsacien, forte tête, et on le frappe avec une telle furie que pendant plusieurs jours on craignit pour sa vie.

L'armée allemande avait remporté une nouvelle victoire !

Dans un groupe voisin de celui dont je viens de raconter l'histoire, la résistance dura plus de deux jours dans les mêmes conditions. Les hommes demandaient qu'on les fusillât plutôt que de les forcer à faire un travail qui révoltait leur conscience ; mais l'Allemand ricanant répondait : « Non non, nous avons besoin d'ouvriers. »

Enfin le troisième jour on prit les plus récalcitrants et on les fit descendre dans des fosses où l'eau leur montait jusqu'à la ceinture. Ils étaient obligés de rester là, courbés, le menton touchant l'eau, sans pouvoir seulement se redresser, jusqu'à ce qu'ils acceptassent de travailler. Et quand, vaincus par la douleur, sentant la paralysie les gagner peu à peu, ils faisaient signe qu'ils se soumettaient, alors seulement ils pouvaient sortir et commençaient aussitôt le travail.

Comprend-on maintenant la rage de ces hommes, leur sombre tristesse en accomplissant des travaux qu'ils savaient devoir être nuisibles aux leurs ? Les comprend-on, les poings fermés, le regard dur, les lèvres serrées, disant : « Ah ! si seulement l'on pouvait être dans les tranchées avec un fusil à la main ! »

Ceux-là aussi, n'est-il pas vrai, auront bien mérité de la Patrie.

Et voici que, pour échapper à cette hantise, les plus hardis cherchent à s'évader.

Les uns s'en vont vers le front dont ils sont si rapprochés, espérant trouver un passage, et tombent inévitablement dans les lacets inextricables des tranchées.

D'autres essaient de traverser la Belgique, se guidant un peu au hasard, voyageant de nuit, traversant les rivières à la nage, évitant

les villes, couchant le jour dans les champs,
vivant de ce qu'ils trouvent, sans cesse
inquiets d'être découverts. Et quand heureux, pleins d'espoir, ils peuvent arriver à
la frontière de Hollande, alors c'est un
obstacle presque insurmontable qui se dresse
devant eux.

Le terrain en avant de la frontière est uni,
déboisé, rien n'y pousse, rien ne permet de
se dissimuler ; là bas la rangée de sentinelles, baïonnette au canon, les réseaux de
fils de fer barbelés enchevêtrés sur plusieurs
mètres de profondeur dans lesquels passe un
courant électrique meurtrier ; et plus loin
encore d'autres sentinelles et d'autres fils
de fer. Alors désespérés ils hésitent et se
font prendre dans ces régions où d'inces-
santes patrouilles voyagent de nuit comme
de jour. Ou bien ils ne peuvent résister au
désir qui les soulève ; il leur semble voir là
bas au loin la liberté qui leur sourit et leur
tend les bras, c'est la France qui les appelle ;
ils s'élancent et ils tombent avant de toucher
le but sous les balles des sentinelles ou dans
les fils de fer électrisés.

D'autres pour échapper à tout prix à
l'Allemand se cachent et se terrent comme
des taupes. Ils vivent jour et nuit enfermés,
évitant tous les regards indiscrets, inquiets

à chaque coup de sonnette, se sauvant au moment d'une perquisition inattendue, soit par les jardins, soit par les toits. Le monde les ignore et ils en arrivent presque à ignorer le monde. Et cela dure des mois et pour certains des années.

*
* *

Les rafles des Allemands continuent. Ils appellent tout ce qui est encore disponible, hommes au-dessus de cinquante ans, jeunes gens au-dessous de seize ans. Ils ne veulent plus entendre parler de compagnie de discipline ; c'était un honneur d'en faire partie ; ils leur refusent même ce douloureux honneur. Il faut travailler sur place, il faut obéir.

Et l'on résiste encore, mais pour le principe seulement et sans espoir d'arriver à une solution. On fait trois, quatre, cinq jours de cachot, on couche sur le plancher, dans la poussière, sans pouvoir seulement appuyer la tête, on a faim, on est frappé, on demande en grâce le camp de discipline ; mais on se heurte à une volonté bien arrêtée, il faut céder.

Et ces braves ouvriers qui depuis des années ont travaillé dans la même usine, — leur usine, — qui sont des médaillés du travail, doivent aller eux-mêmes par un raffinement de cruauté, les larmes dans les yeux et la rage dans le cœur, briser ces métiers auxquels ils se sont attachés. Ces petits jeunes gens qui avaient onze ou douze ans à la déclaration de guerre, sont près d'eux, comme autrefois leurs apprentis, dans cette triste besogne.

Voici venir aussi le tour des jeunes filles. Elles sont réquisitionnées comme les hommes et les jeunes gens. On les fait travailler dans les champs, sur les routes, les voies de chemin de fer, dans les magasins de l'armée. On commence à les prendre pour remplacer des ordonnances d'officiers. Pauvres jeunes filles ! Quelle humiliation et quelle douleur pour elles !

Oh ! je ne parle pas ici de ces filles ou de ces femmes perdues, ordures de trottoir, trop heureuses de trouver dans l'occupation matière nouvelle et variée de leur triste métier. Dès le début, elles ont prouvé que l'amour de la Patrie était dans leur cœur au même niveau que la morale, et avec audace elles n'ont pas craint de s'afficher ouvertement avec l'ennemi, sachant plaire à leurs séducteurs et se venger du mépris de leurs compatriotes par de basses et lâches dénonciations.

Mais je parle ici de ces jeunes filles honnêtes et fières, obligées d'aller vivre avec un ennemi arrogant et souvent débauché, d'être à son service, d'avoir à nettoyer ses bottes et ses ordures. A force de larmes et d'instances, elles avaient obtenu de pouvoir rentrer le soir chez elles ; mais combien de temps aurait duré pour elles ce régime que les Allemands devaient appeler un régime de faveur !

Et tout ce monde est payé, obligatoirement payé, payé sous peine de punition. L'argent ne gêne pas les Allemands : ils imposent les communes d'invraisemblables contributions et ils paient en bons communaux.

Nul ne peut refuser de recevoir cet argent, et il faut inscrire son nom sur un grand livre en face de la somme versée. Cette signature à donner inquiète encore ceux qui n'auraient jamais voulu signer un engagement de travail. Ils cherchent à connaître la pensée toujours perfide de l'Allemand, et se demandent si, au moment du grand règlement des comptes, l'ennemi ne produira pas ces signatures pour prouver qu'il n'a employé au travail que des ouvriers qui étaient bien payés. Dans les compagnies de discipline même, on veut payer maintenant à plein tarif de 4 à 5 francs par jour et on oblige les jeunes gens, souvent récalcitrants, à venir recevoir l'argent. On veut même royalement payer l'arriéré.

Pourquoi cette insistance ?

Car sont payés et obligés de recevoir, même ces petits enfants de 14 ans que l'on va chercher chez eux la nuit en plein hiver pour déblayer la voie du tramway de la neige tombée pendant la journée et qui gèle dans cette nuit claire ; ces petites filles de 14 et 15 ans qui sont envoyées dans les champs pour rechercher et tuer les chenilles qui se trouvent sur les feuilles de choux que doivent manger les Allemands.

Où donc se serait arrêtée cette réquisition humaine ? Tous les jeunes gens et les hommes de 14 à 60 ans ; beaucoup de jeunes filles de 18 à 30 ans étaient réquisitionnés pour le travail, soit près, soit loin de chez eux; un bon nombre en compagnies de discipline.

Seuls restaient encore les vieillards, les malades dont la maladie a été bien et dûment constatée par des majors toujours enclins à la nier, ceux en petit nombre dont la situation sociale ou les fonctions publiques nécessitaient la présence dans la commune.

Et quand les mères de famille demandaient à partir avec leurs enfants, pour fuir ces horreurs, pour trouver enfin près du père et du mari, dans une France libre, un peu de repos, de consolation et de bonheur, on refusait. On voulait bien laisser partir la mère, mais on gardait la jeune fille ; on voulait bien laisser partir les petits enfants ; mais on gardait les plus grands. La mère alors refusait de quitter ses enfants. N'était-ce pas moins souffrir que de souffrir ensemble ? Pouvait-elle quitter et laisser entre les mains de l'ennemi des enfants dont elle restait en ces jours difficiles le plus ferme soutien ?

Voilà très exactement la situation au point de vue du travail dans une grande commune du pays occupé. Je sais bien que la situation à ce point de vue était beaucoup plus grave dans les localités de moindre importance, perdues au milieu des campagnes ; qu'elle était au contraire généralement moins aiguë dans les grandes villes. Je n'ai voulu faire qu'une histoire locale, afin d'être plus certain de ce que j'avançais.

Et maintenant je veux citer à titre de document un article de la *Gazette de Cologne* paru il y a un peu plus d'un an.

Il est intitulé : « Un odieux mensonge » et dit en substance : « Un certain nombre de journaux français osent affirmer que l'autorité allemande, dans les régions envahies de la France, force des hommes à s'occuper à des travaux de guerre non loin du front. C'est un odieux mensonge.

« Nous déclarons que dans les régions de la France occupée, aucun homme n'est forcé de travailler. Ceux que l'autorité allemande occupe ont accepté, volontairement et sans y être contraints, le travail qui leur était proposé. Ils reçoivent une juste rémunération.

« Aucun de ces travailleurs n'est employé à moins de trente kilomètres en arrière des lignes. »

Sans commentaires, n'est-ce pas !

CHAPITRE IV

La Réparation

CHAPITRE IV

La Réparation.

Ces pages ne contiennent qu'un aperçu succinct et bien imparfait de la situation des populations dans une modeste commune des régions envahies. Les faits ont été racontés tels qu'ils se sont passés, sans passion et sans exagération, avec le seul souci de les faire revivre dans leur réalité.

Ils n'ont pas été écrits pour propager et entretenir la haine ; mais pour faire connaître à tous les Français ce qu'est l'ennemi qu'il a combattu ; pour les aider à comprendre ce qui fût arrivé, si, selon le vœu du Kaiser, la paix allemande avait été imposée au monde, si la Kultur avait triomphé de la Civilisation.

Il fallait que chacun se rendît bien compte que les actes de cruauté et de brutalité qui ont été commis ne furent pas seulement le fait de quelques soldats isolés et bientôt punis par leurs chefs, mais constituaient un système de domination, une organisation méthodique et méditée, dont les principes peuvent être facilement trouvés dans les mémoires de Bismarck.

Inquiète de son œuvre, l'Allemagne proteste aujourd'hui de sa douceur et de sa bienveillance, elle répudie les actes de cruauté et de barbarie qu'on lui reproche, elle déclare par la bouche de son chancelier « que les milieux de l'armée entretinrent à un égal degré l'esprit de la Croix Rouge et l'esprit d'offensive, que s'il y eut des actes contraires à l'honneur, ce ne furent que des actes isolés, des mesures détestables que l'armée du peuple réprouve ».

Eh bien ! non ; la conscience proteste hautement contre de telles affirmations.

Certes l'Allemagne qui voit aujourd'hui que le compte est ouvert et qu'elle est appelée à comparaître au tribunal des nations civilisées, a le droit de regretter d'avoir mené la guerre avec la conviction qu'elle dicterait la paix et qu'elle n'aurait pas à expliquer sa conduite ; mais elle n'a pas le droit de nier les procédés mêmes qu'elle a employés.

La crainte est le commencement de la sagesse : pour échapper au châtiment, elle signerait volontiers des engagements de guerre chevaleresque pour l'avenir. Ne nous laissons pas prendre à ces bonnes paroles : les engagements ne coûtent pas cher à l'Allemand. Les traités ne sont pour lui que des chiffons de papier. Ne faisait-il pas hautement profession en pays occupé de ne pas connaître la Convention de La Haye dont il a volontairement et sciemment violé tous les articles ? Les habitants ne savaient-ils pas aussi qu'ils ne pouvaient jamais croire à la parole d'un Allemand ?

Celui-ci, qui eût été impitoyable dans la victoire, se montre larmoyant dans la défaite. Il en a toujours été ainsi dans son histoire. Nous assistons maintenant à une nouvelle offensive par les larmes et les lamentations. Le pape, le président Wilson, tous les neutres savent que les conditions de l'armistice sont impitoyables, qu'elles rendent impossible la vie économique en Allemagne, que le peuple va mourir de faim, que les soldats tombent d'épuisement sur les routes parce qu'on leur enlève tous les moyens de transport, que la révolution gronde et que son déchaînement provoquera un cataclysme dans le monde entier. Les francs-maçons d'Allemagne écrivent à leurs frères des nations alliées; les socialistes réclament la fraternité des peuples et l'amour universel ; les femmes allemandes envoient des missives déchirantes aux femmes françaises ; un cardinal Hartmann, qui a traversé en vainqueur la Belgique et la France

envahie, daignant parfois saluer les pasteurs
des diocèses où il séjournait, promenant
partout sa grande cappa rouge dans de
magnifiques autos découvertes, sans songer
à demander aux populations si elles avaient
assez à manger et si elles n'étaient pas trop
misérables, écrit à son frère le Cardinal
Mercier pour lui demander de compatir à
l'affreuse situation des populations allemandes. La chancellerie pontificale doit être
depuis un mois inondée de réclamations, de
récriminations, de protestations, d'appels,
et même sans doute de menaces déguisées
de schisme : ce doit être un véritable déluge
de larmes et de papiers.

Tout cela leur est aussi facile que la brutalité et les coups de cravache : ils usent de
l'un ou de l'autre, selon qu'ils sont les plus
forts ou les plus faibles.

Ne nous laissons pas attendrir. Il peut être
vrai que la situation du peuple allemand soit
devenue plus dure ; mais enfin « c'est là
guerre ». C'est le début des conséquences
inévitables du cataclysme qu'il a déchaîné,
c'est la justice immanente des choses.

La question pour nous n'est pas là. Ce
qui doit actuellement dominer toutes nos
préoccupations, c'est de rendre impossible
pour longtemps le retour des horreurs de

la guerre. Or le danger réside encore sur nos frontières de l'Est. L'Allemand ne s'avoue pas vaincu ; il n'a pas réussi, c'est tout. Il cherche maintenant à se tirer d'affaire avec le moins de frais possible afin d'être en état de reprendre la lutte dans 20, 30 ou 40 ans. « L'Empereur, disent-ils, a été battu, la nation allemande ne l'est pas ; l'armée est intacte. »

Il importe donc que nous soyons forts et fermes et que les conditions de paix que nous leur imposerons les mettent dans l'impossibilité de réaliser leurs sinistres projets. Nous ne les désarmerons pas par la douceur et la bienveillance ; ils donneraient à cela le nom de faiblesse, et si nous paraissons faibles ils reprendront la cravache.

Qu'ils ne s'affolent pas cependant ; nous n'avons pas l'intention d'introduire chez eux le système de cruauté et de brutalité qu'ils ont employé chez nous ; nous ne sommes pas des boches.

Mais nous ne sommes pas des enfants non plus. Nous saurons à la fois prendre des garanties pour l'avenir et exiger que justice nous soit rendue.

Or, au nom de la justice, l'Allemagne doit être punie et elle doit réparer.

Elle doit être punie pour cette guerre

qu'elle a voulue et préparée pendant quarante ans, elle doit être punie pour les
dévastations et les ruines qu'elle a accumulées ; elle doit être punie pour le vol organisé et méthodique, pour les évacuations
cruelles et inhumaines, pour la violation de
toutes les lois de la guerre, pour sa méchanceté et sa brutalité envers les populations
sans défense des régions envahies, pour
l'esclavage auquel elle les a réduites avec
la dernière rigueur.

Elle doit être punie, non par vengeance,
mais par justice, parce que le crime doit
être puni et que la punition est le moyen
d'éviter le retour de pareils forfaits.

Elle doit payer elle-même la dette qu'elle
a volontairement contractée. Elle a volé, elle
restituera, elle a détruit, elle reconstruira.
Elle a pris dans nos maisons nos meubles
et notre linge, nos cuivres et nos bronzes,
qu'on lui prenne ses meubles et son linge,
ses cuivres et ses bronzes, ville pour ville,
village pour village.

Elle a imposé à nos communes des contributions démesurées sans souci des engagements qu'elle avait signés lors des conven-
tions de La Haye, qu'elle éteigne la dette de
chaque commune, ville pour ville, village
pour village.

Elle a volé les métiers dans les usines, dans le but avoué de ruiner pour de longues années une industrie concurrente, que l'on autorise nos industriels à aller prendre chez elle où ils voudront, des métiers similaires pour pouvoir de suite se remettre au travail.

Elle a fait souffrir les populations par mille vexations inutiles, se réjouissant souvent de voir couler les larmes des yeux des femmes de France, qu'on rende personnellement responsables les auteurs de ces inutiles cruautés.

Elle a enfermé dans des camps de discipline nos hommes et nos jeunes gens pour les forcer à travailler contre leur Patrie; qu'on lui prenne ses hommes et ses jeunes gens, et qu'on les force à travailler pour nous, à effacer dans les champs, les traces des carnages qu'ils ont provoqués, à rebâtir nos villes et nos villages.

Que l'on placarde sur ses murs, pour lui annoncer le régime de l'occupation, les affiches mêmes dont elle a couvert nos murs...

Tout cela ne sera que justice, simple réparation exigée, pour les régions envahies, avec la fermeté calme, nullement barbare et cruelle, qui convient à des peuples sûrs de la justice de leur cause.

L'Allemand une autre fois réfléchira, et hésitera à recommencer.

Je sais bien que toutes ces réparations n'enlèveront pas le souvenir des humiliations subies, des larmes versées, des souffrances accumulées. Mais cela n'est pas au pouvoir de l'ennemi, seule la France peut maintenant et pourra dans l'avenir mettre le baume sur les plaies des cœurs et sécher les larmes.

Qu'Elle accueille avec amour et fierté ses pauvres enfants qui ont longuement souffert. Qu'Elle aide de toutes ses forces à la reprise de la vie économique dans ces régions miraculeusement préservées, au milieu des dévastations de cette guerre ; qu'Elle apporte sa bonne volonté et son activité à la solution des difficultés financières et alimentaires ; qu'Elle favorise la prochaine rentrée dans leurs foyers de tous ceux qui y feront renaître la vie intense et laborieuse du passé ; qu'Elle se souvienne enfin dans la répartition des impôts de l'état d'effroyable misère de ces populations.

Qu'Elle donne publiquement le témoignage de sa satisfaction à tous ceux, grands et petits, qui auront hautement, devant l'envahisseur, au péril de leur vie et de leur liberté, soutenu avec son honneur les droits de la justice et de la morale ;

à ceux qui ont souffert parce qu'ils n'ont pas voulu subir sans résistance le joug odieux d'un ennemi qui se croyait victorieux ;

à ceux qui ont défendu leur race, leurs traditions, leur cœur et leur intelligence, contre l'emprise de l'ennemi ; et qui n'ont jamais voulu renier les trésors du passé et du présent de leur Patrie ;

à ceux qui ne se sont pas laissé abattre par la souffrance, qui pouvaient, s'ils le voulaient, avoir le pain et l'argent, avoir la tranquillité en faisant kamarad avec l'ennemi, mais qui ont confusément senti qu'il y avait là une déchéance et ne l'ont pas voulue ; qui ont cru, eux aussi, « *au droit et au devoir d'être heureux sur la terre* », mais qui n'ont pas pensé que le bonheur pût se trouver dans l'unique jouissance sans honneur et sans fierté ;

à tous, que la France ouvre largement son cœur, qu'Elle ne fasse plus comme par le passé de distinction entre ses enfants ; qu'Elle voie d'un même regard affectueux ceux qui auront ainsi souffert ensemble pour la même cause, et qu'Elle donne à tous ceux qui la respectent et qui l'aiment, un égal droit de cité, quelles que soient leurs idées et leur genre de vie.

Cela aussi, c'est la justice.

Alors, bien vite les larmes se sécheront, les plaies des cœurs se fermeront, le cauchemar s'évanouira, et les lèvres recommenceront à sourire.

TABLE DES MATIÈRES

1052-18. — Imprimerie des Orphelins-Apprentis d'Auteuil,
40, rue La Fontaine, Paris.